我的行为是我唯一真正所有的。

我无法逃避它们的结果，

因为它们是我立足的根本。

我们的身体便是生命的一种奇迹，
如同我们身边的一切——绵绵细雨、新鲜空气、
美丽鲜花——都是一种生命奇迹。
去大地上走走，去享受自然，
享受她的美好和奇迹，我的心就快乐无比。

地球母亲是真实的。

她是你可以触碰、可以品尝、可以闻、

可以听、可以看的真实现实。

云朵即便不在，

也会以雪或雨的形式延续。

活在此时此刻

[法] 一行禅师 著

龙彦 译

天津出版传媒集团

天津人民出版社

图书在版编目（CIP）数据

活在此时此刻 /（法）一行禅师著；龙彦译 . -- 天
津：天津人民出版社，2018.2（2022.9 重印）
书名原文：At Home in the World
ISBN 978-7-201-12858-0

Ⅰ . ①活… Ⅱ . ①一… ②龙… Ⅲ . ①生活方式 – 通
俗读物 Ⅳ . ① C913.3-49

中国版本图书馆 CIP 数据核字 (2017) 第 326474 号
中国版权保护中心外国图书合同登记号 02-2017-272

AT HOME IN THE WORLD: Stories and Essential Teachings from a Monk's Life by Thich Nhat Hanh
Copyright © 2016 by Unified Buddhist Church, Inc. All rights reserved. No part of this book
may be reproduced by any means, electronic or mechanical, or by any information storage and
retrieval system, without permission in writing form Plum Village Community of Engaged
Buddhism previously known as the Unified Buddhist Church, Inc.

活在此时此刻
HUO ZAI CI SHI CI KE

[法] 一行禅师 著 龙彦 译

出　　版　天津人民出版社
出 版 人　刘　庆
地　　址　天津市和平区西康路 35 号康岳大厦
邮政编码　300051
邮购电话　（022）23332469
电子信箱　reader@tjrmcbs.com

责任编辑　玮丽斯
监　　制　黄 利 万 夏
营销支持　曹莉丽
版权支持　王秀荣
装帧设计　紫图装帧

制版印刷　天津中印联印务有限公司
经　　销　新华书店
开　　本　880 毫米 ×1270 毫米　1/32
印　　张　7.25
字　　数　80 千字
版次印次　2018 年 2 月第 1 版　2022 年 9 月第 7 次印刷
定　　价　52.00 元

作者序

天下为家

　　1968 年，在战争期间，我去了法国，代表越南佛教和平代表团参加了巴黎和谈。我们的使命是代表没有机会发声的越南人民反对战争。当时，我在日本刚举行完一次公开演讲，便准备经美国飞往巴黎，因为我想在纽约停留，去见见我的朋友——唯爱社的成员阿尔弗雷德·哈斯勒。他们的团体一直积极反对越南战争，推进社会公正。但是我没有过境签证，所以当我在西雅图降落时，就被带到一旁，锁在一间屋子里，不允许与任何人见面或交谈。屋子里的墙壁贴满了重刑犯的"通缉"海报。当局还拿走了我的护照，不允许我联系任何人。直到几个小时后，我的航班即将起飞，他们才终于将护照归还，并"护送"我上了飞机。

两年前，1966 年，我在华盛顿特区参加了一次会议。当时《巴尔的摩太阳报》的一位记者告诉我，一份来自西贡的报告敦促美国、法国、英国和日本政府不再承认我的护照，因为他们觉得我的言论否定了他们在（越南）战争中所做的努力。这些国家的政府答应了，我的护照也失效了。我在华盛顿的一些朋友敦促我躲藏起来，但要留在美国，将意味着有被驱逐出境和监禁的风险。

所以，我没有潜藏，而是在法国寻求政治庇护。法国政府给我提供了庇护，我获得一个无国籍旅行证。"无国籍"意味着你不属于任何国家，成为没有国家的人。有了这个证件，我就可以去任何签署了《日内瓦公约》的欧洲国家。但若想去加拿大或美国这样的国家，我仍然需要申请签证。当你不再是任何国家的公民时，这是非常困难的。我原来打算只离开越南三个月，以便在康奈尔大学进行一系列的讲座，并到美国和欧洲进行演讲，呼吁和平，然后再次回家。毕竟，我的家人、我所有的朋友和同事、我的整个人生都在越南。然而，我最终被流放了近四十年。

每当我申请签证去美国时，都会被自动拒绝。美国政府不希望我去那里，他们认为我可能会消损美国在越南战争的努力。我不被允许去美国，也不被允许去英国。我必须给像参议员乔治·麦戈文和参议员罗伯特·肯尼迪这样的人写信，请他们给我寄一封邀请函。他们的回答是这样的："亲爱的释一行，我想知道更多关于越南战争的情况。请来告诉我。如果您在获得签证时遇到困难，请拨打此电话给我……"只有这样一封信才能得到签证。否则，没办法。

我不得不承认，前两年的流亡生活是相当困难的。虽然我已经是一个有很多弟子的四十岁的僧侣，但我还没有找到真正的家。我可以就佛教的实践做很好的演讲，但自己却没有真正到达那些境界。从智慧上说，我对佛知晓甚多：我在佛教学院接受过多年培训，自十六岁以来一直在修行，但我还没有找到我的真正家园。

在美国巡回演讲，我的初衷就是为了让那里的人听到广播和报纸中听不到的真正的越南现状。在巡演期间，我只会在每个访问过的城市停留一到两个晚上。有时我夜里醒来，竟不知自己身在何处。那样的日子很是煎熬——我不得不吸气、呼气，才能想起我所在的城市和国家。

在这段时间，我无时无刻不想回到越南，回到我剃度出家的寺院，回到我的家。我常梦见自己爬上绿树成荫的山坡，却又常常在半山腰时突然醒来，这才意识到自己已经被放逐了。这个梦一次又一次地出现。在此期间，我非常积极地学习如何与许多国家的儿童相处——有德国的，法国的，美国的和英国的；我结识了许多朋友，包括英国圣公会牧师、天主教神父、新教牧师、犹太教祭司、伊斯兰教领拜师，等等；我修行正念，努力让自己生活在此时此地，感触每一天生活的奇迹。多亏了这种修行，我才得以幸存下来。虽然欧洲的树木、果蔬、花草甚至种族都与越南的截然不同，但修行却可以将我带回真正的"家"中，带回此时此地。自此，我再无梦魇烦忧。

也许有人会觉得，不能回到越南家乡的我一定痛不欲生。但事实并非如此。流亡在外近四十年后，当我终于被允许返回家乡，能够为那里的僧尼和教友提供正念修习和入世佛教是一种喜悦；有时间与艺术家、作家和学者交谈也是一种乐趣。尽管如此，当我再次离开我的祖国的时候，心中并无痛苦。

"我已到达，我已归家。"这句话是我实践的体现。它是梅村禅修中心最主要的法印之一。它表达了我对佛陀教诲的理解，是我实践的精髓。因为找到我真正的家，我不再痛苦。对我来说，过去不再是一个囚室，未来也不是一个牢笼，我可以生活在此时此地，唤醒我心中真正的家。每一次呼吸，每一个步伐，都可以将我带回这个家。我不必购买车票，也不必进行安全检查，几秒钟内，我便能到家。

在我们深深地融入当下的时候，就可以触及过去与未来；如果我们知道如何恰当地把握当下，就能够治愈过去。确切地说，正是因为我没有自己的国家，才有机会找到我真正的家园。这是非常重要的。那是因为我不属于任何一个特定的国家，所以必须努力突破，找到自己真正的家。我们不被接纳，我们不属于任何地方，也没有国家认同，这一感觉可能会激发我们的迫切需求，去寻找真正的家。

目录

越南生活

战争与流亡

梅村的绽放

天下为家

我已到达

越南生活

或许你觉得自己已经丢失了童年的那块点心，
但我确信它还在那里，就在你心灵的一角。

吃点心

慢慢地、欢喜地吃饭，不想将来，也不悔过去

在我四岁的时候，我母亲每次从集市上回来，都会给我带回一块香蕉叶包裹的点心。我会跑到屋子前面的场地上，一点一点地吃；有时候吃掉一块点心要花上半个小时或者四十五分钟。我会咬上一小口，抬头看看天空，然后用脚碰碰小狗，再咬上一小口。我就是享受待在那里，跟天空、大地、竹林、猫、狗和鲜花在一起。我能花上这么多时间吃点心，是因为我心无忧虑。我不想将来，也不悔过去。我全然地身处当下，跟我的点心、那狗、那竹林、那猫以及那万事万物待在一起。

就像我童年吃点心那样，慢慢地和欢喜地吃饭，这也是可以做到的。或许你觉得自己已经丢失了童年的那块点心，但我确信它还在那里，还在你心灵的一角。一切都还在那里，如果你真的想要，你还可以找到它。正念饮食是禅修中最为重要的一项修行。我们可以将童年时吃点心的感觉带入现在的吃饭中去。当下一刻充满喜悦和幸福，如果你留心，一定会亲身体验到。

生活时刻

喝茶的两个小时，我们赚不到钱，但可以拥有生活

在我小时候，越南人的生活与现在大不相同。无论是生日派对、诗歌朗诵会，还是某位家人的忌日，都会举行一整天，而不是几个小时。在那一天，你随时可以来，随时可以走，不用汽车，不用自行车，只用两条腿走。如果你住得很远，那就在前一天出发，途中在朋友家过夜。无论你什么时候到达，主人家都会欢迎你，并且热情招待。只要来了四个人，就可以坐成一桌，开始用餐；如果你是第五个到达的，也没关系，只要再等三个人，就可以和他们一起吃了。

汉字中的"閒（闲）"字，以"门窗"为框，里面是个"月"，寓意只有那些真正悠闲的人，才有时间赏月。而如今，大部分人都没有这样奢侈的悠闲时刻。虽然口袋里的钱更多了，物质生活也更丰富了，但我们却没有以前快乐了。而之所以如此，仅仅是

因为我们没有时间去享受彼此的陪伴。

但我们可以通过某种方式，让寻常的生活变得更有意义。比如，从最简单的事情开始，从专心饮茶，享受茶味开始。为什么要花两个小时去喝茶？从经济角度来讲，这样很浪费时间。

但这与金钱无关。时间比金钱更为重要。时间就是生命，而金钱无法匹敌时间。在一起喝茶的两个小时里，我们挣不到钱，但却可以拥有生活。

有厕即是乐

快乐的前提是你先感知到

总有人问我，"清扫厕所的时候，怎么高兴得起来？"殊不知，我们能有厕所可以清扫，已是一大幸事了。

我在越南初入佛门时，压根没有厕所可用。我住的寺庙里有一百多位僧侣，却没有一个厕所。不过，我们还是有解决办法的。寺庙周围多树丛和小山，我们便到那些山上去解决。山上没有卷纸，我们就找干枯的香蕉树叶或枯树叶解决。不过，我在出家前，也没用过厕所——只有非常有钱的人家才用得起厕所，其他人只能到田里或山上去解决。而那时的越南有 2500 万人，大部分人都无厕所可用。

所以，有厕所可以清扫，足以成为一件乐事。如今，我们已有太多可乐之事，如果能认识到这一点，我们就会很快乐了。

树叶

无意识知道如何聆听我们，只要你播下一粒种子

　　小时候，我家院子里有一口用来贮水的大水瓮。有一天，我朝水瓮里头看，看见底部有片很美的叶子，五彩缤纷的，便想拿出来把玩。无奈胳膊太短，我根本够不到水瓮的底，于是便找来一根棍子，想把它捞出来。但我拿着棍子在水瓮里搅了又搅，叶子仍然没有浮出水面，我便失去了耐心，丢掉棍子，离开了。

　　几分钟后，当我再回到那里时，惊讶地发现叶子浮出了水面，于是赶紧捞了出来。原来，在我离开之后，被搅动的水仍在不停地转，树叶就这样转出了水面。

　　人的意识亦是如此。如果我们总在绞尽脑汁，那是无法收获见悟的。有时，我们会在睡觉前对自己说："明天早上四点半，我要起床。"而第二天，我们真的在四点半醒来了。因为我们的"无意识"（即佛语中的"藏识"）知道如何聆听我们，并与主导我们

日常思考工作的"意识"合作。所以，如果你要禅修的话，不仅要利用"意识"，更需使用和信任"藏识"。如同我们在土里播下一粒种子，就要相信那块土壤一样；当我们种下一个念头或一个愿望时，也要相信，这个愿望一定会在我们的内心深处生长，并终将伸出"心识"的水面。

佛陀画像

我也想像这样平静安详地坐着

七八岁时，我无意中在一本佛教杂志的封面见到一幅佛陀画像。画中佛陀静坐草中，让我印象深刻。我想，作画的人在画这幅画时，内心一定也静如止水吧。当时，我身边的许多人一点也不平静，不快乐。所以，看到这幅佛像，我感到特别快乐。

看到如此平静的画面，我突然也很想成为佛陀这样的人，能这样平静、安详地坐着。我想，正是在那时，我有了从佛为僧的想法——虽然当时的我还没有意识到。

佛陀不是神，他与我们一样，只是人。与许多人一样，他年少时也困苦不堪。他看到王国遭遇的苦难，看到他的父亲净饭王想为百姓减轻困苦却无能为力的样子。年少时，佛陀就千方百计逃离苦海。虽然他生为王子，但舒适的物质生活并不能让他快乐，也不能让他心宁气静。为了出离这样的苦海，为了找到真正的心之归属，他决定离开他所成长的王宫。

我想，如今的许多年轻人也都和年轻时的悉达多拥有同样的困惑吧。年轻人想要追寻真善美的事物，但环顾四周，却发现无处可寻，于是大失所望。我年轻时也曾有这样的感触。所以，当我看到佛陀的那幅画像时，感到非常快乐，并且想要成为他那样的人。

我深知，只要勤加修习，一定能像佛陀一样。一个人只要能心平气定、博爱宽容，就可以称之为"佛陀"。过去曾有许多佛陀，现在也有许多，将来亦会如此。"佛陀"非某个人的专属之名，"佛陀"是一个称号。所有心境安详、博爱包容的人，都是佛陀。我们所有人，都可能成为"佛陀"。

万花筒

不要因为那些已经消失的画面焦急哭泣

小时候，我会用一根管子和一些玻璃做成一个万花筒，然后开心地把玩。我只要转动管筒，就会看到多姿多彩、五颜六色的花样。我只要稍稍动动手指，眼前的画面就会立即消失，变换成另一副模样。但我并不会因为那些消失的画面而焦急哭泣。因为我知道，我并没有失去什么，我还会再看到其他壮丽的花样。

在万花筒里，我们能看到均匀对称的美丽画面，但无论什么时候转动它，那些画面都会立即消失。我们可以将这描述成生与死吗？这些画面是一种表象吗？虽然这一个消失了，但那一个会紧接着出现——我们并没有失去什么。我见过许多人死去的时候平静安详，脸上挂着微笑，因为他们明白，生与死并不会颠覆浩瀚大海，生与死只是这片汪洋表面的浪涛，就好像我们在万花筒里看到的那些美丽的表象一样。

隐士与井

也许，你也曾有过一次心灵之旅，它可能是一块岩石，或一颗星星

　　少年时，我住在越南北部的清化省。一天，学校的老师告诉我们，要去附近的纳山爬山。他还说，山上住着一位隐士，独自居住，日夜静坐，像佛陀一样平静安详。这让从未见过隐士的我兴奋不已。

　　爬山的前一天，我们为山上野餐准备起食物：做了米饭，捏成团，用香蕉叶包裹起来，再将芝麻粒、花生和盐放进去，还烧了一些开水带上。第二天一早，我们便出发了，走了很长一段路，才终于到达山脚下。到山脚之后，我和朋友们便急匆匆地向上爬。那个时候，我们并不知道如何正念行走，所以在上山的一路上，我们都走得飞快。

　　爬上山顶后，我们累得不行，便将身边的水一饮而尽。我到四周找了找那位隐士，但并未找到他，只看见了他的竹草茅屋。

茅屋里也只有一张小小的竹床和竹坛，并无隐士本人。也许他听到我们上山的声音，不想听到我们这群孩子吵闹，所以躲起来了吧。

午餐的时候，我一点也不饿，加上因为没看见隐士而心觉失望，于是便离开小伙伴们，继续往更高的山上前行，一心想要找到那位隐士。我在树林里，越走越深，渐渐听到了渐沥沥的水声。那声音真美妙，我寻着它的源头继续向前，很快，便看到了一口自然井，井池小小的，四周被五彩的大石包围，井水清澈见底。口渴难耐的我立即屈膝，捧水喝了起来。井水甘甜可口，我从未喝过如此好喝的水。我感到非常满足，别无他求——甚至已不想再寻找那消失的隐士。我感觉自己仿佛已经见到了那位隐士，我想，也许那位隐士早将自己化作这口井了吧。

喝完水，我感到非常疲惫，便躺下休息，想在这井水旁再待一会儿。我仰着头，望着高高的树枝伸向蓝蓝的天空，而后忍不住闭上眼睛，沉睡起来。我不记得自己睡了多久，只记得我醒来的那一刻，忘了自己身在何处，直到我看到伸向天空的树枝和那口美好的井水，才想起了一切。

想到我该回去和同学们在一起了，我这才惜别井水，起身返程。就在我走出树林的那一刻，我的心灵深处突然冒出一句话，像是一句短诗："我已尝味世间最可口之水。"

回去之后，我便与小伙伴们坐在一起吃东西。但我并不想说话，我只想让这样的经历多留在我自己的心里一阵子，因为它让我触碰到了我心灵的深处。我坐到地上，安安静静地吃着我的午餐，饭团和芝麻的味道都很好。而我，也感到平静、快乐、安详。

那次爬山的经历，已经过去了许多年，但井的模样和井水轻轻地淅沥沥流淌的声音却永远留在了我的心里。也许，你也曾遇到你心中的"隐士"。也许他变幻成了一块岩石、一株大树、一颗星星或一道美丽的余晖。

这是我的第一次心灵之旅。自那之后，我的内心变得更加宁静、平和。我不需要向人诉说我的遭遇，我可以将它藏在心里。我想成为一名僧侣的愿想也更加强烈。十六岁时，我终于得到父母允许，得以进入顺化慈孝寺，在那里修行并成为沙弥。

师父的礼物

偈颂能让我们念念分明地活在每一刻

十六岁时，我成为沙弥，并收到了师父的礼物——一本包含了55首偈颂的书，收录了师父五十多年来用于日常生活的偈颂。

所以，我得到的第一本教材，就是这样一本偈集。真是令人称奇！寺院里的沙弥必须牢牢记住这些偈，并用以修行。在我的认识里，偈与音乐、绘画一样，与禅修密不可分。书里的每一首偈都有四行，每一行有五个字，整首偈一共二十个字，且均是古汉语。坐禅的时候，就要用到其中一首偈，来帮助我们修习正念。全书约有55首偈，甚至连穿上汗衫或僧袍都有相对应的偈。无论做什么，都可以借一首偈，助以正念。我非常喜欢这样的修习。

在点灯时，也有一首偈可以修习。那个时候，寺院里没有电力，也没有自来水。我们点的是煤油灯，点灯的时候，就要轻轻地唪诵那首偈。点蜡烛时，也有修习的偈颂。做沙弥的日子，真是快乐难忘。我们一天到晚地修习，一天到晚地玩耍，快快乐乐。

成为年轻的比丘后，我觉得应将那些偈颂译成现代越南语，好让大家的修习变得更加自然。于是，我将它们全都译成了越南语。如今，这些偈颂还被译成了英语、法语、德语和其他语言，世界各地都能利用它来好好修习。

其实，僧侣文化的许多经验，在家众也可以应用到社会生活中。1966 年，我在肯塔基州见到特拉普派修道士托马斯·默顿时，就与他深入讨论了这个问题。行禅，偈颂，正念呼吸，这些都能应用于日常生活之中。许多年来，我一直向僧尼和在家众分享僧侣文化，世界各地的许多朋友，会在刷牙的时候唪诵刷牙偈，在穿衣的时候修习穿衣偈。

在我们那个年代，自行车盛行，但僧侣不会去骑自行车。僧侣会骑马，不会骑车。于是，我成了在越南第一个骑自行车的佛僧，在当时人眼里，这并非一件"修行"之事。有一天，我和五位年轻的比丘都想骑车，于是我们租了六辆自行车，学着骑了起来。从那之后，我们就用上了自行车。那时的人为此惊叹不已。现在，僧侣会开汽车，汽车比自行车速度更快，但在当时，"僧侣骑车"实在稀奇。我们骑上自行车后，便开始修习骑行禅。我甚至为此写了一首偈。后来，我还为开汽车也写了一首。这样的偈颂能帮助我们深刻地、念念分明地活在每时每刻，去触碰心灵深处。

师父的僧袍

新衣总是让人欣喜，但随后就被忘记

我在慈孝寺剃度的仪式安排在凌晨四点。前一夜诵经完毕后，我就看到师父坐在屋内的蒲团上，烛光在一旁闪烁，前边高高的桌子上放着一堆经典。师父小心翼翼地修补着棕色旧僧袍上的裂缝。师父虽然年事已高，但眼神仍然很好，腰板也依然挺直。我和心满师兄守在门口，望着里面，只见他慢慢地将针头穿过袍布，看起来就像一位在深定中的菩萨。

过了一会儿，我们走了进去。师父抬头，便看见了我们。他朝我们点了点头，然后低头，继续缝起来。心满师兄忍不住说："师父，您快去休息吧，已经很晚了。"

但师父头也不抬地说："等我先缝好这件僧袍，好让你的师弟明天可以穿上。"

我这才明白，为什么整个下午师父都在挑拣他的旧僧袍了——他是想找一件不常穿的，修补一下，送给我呢。明天我就能穿上棕袍了。过去三年里，我们这些发心出家的行者只能穿灰袍。而一旦剃度成为沙弥，我就可以穿上这件解脱服——象征自由的僧袍。

想到这里，我不由得激动地说："师父，让四姨来缝吧。"

"不行，我想亲手为你缝。"师父轻轻地说。

随后，是一片沉寂。

我和师兄双手合十，站在一旁，不再多说一句话。过了一会儿，师父一边忙着针线，一边说道："你们听过佛经里一位佛弟子缝补僧袍而开悟的事吗？"

"我来告诉你们吧。"师父说了起来，"那位佛弟子在缝补僧袍时，总会感到快乐和安详，他为自己缝补，也为其他师兄弟缝补。他每次将针头扎进布里，内心就升起美善的心念，并赐予他力量，感受自由。一天，针头穿过布时，他顿时领悟到了最深处、最美妙的寓意。连续缝补了六针，他便获得了六种神通。"

听到这些，我忍不住扭头，敬佩地看着师父。我的师父也许并没有获得六种神通，但他却有了不起的理解和见悟。

最后，僧袍缝补好了，师父招呼我过去，叫我试试。僧袍对我来说，稍稍大了一点。不过，我仍然感到非常高兴，甚至感动得落泪。透过这件僧袍，我收到了最神圣的一份爱，如此温柔，如此博大；许多年来，这份爱一直滋养着我，启迪我心，伴我修行。

师父将僧袍交与我，我知道，这也是他给予我的莫大鼓励，包含着他仁慈、细腻的爱。当时，师父对我说的一句话，也许是我此生听到的最温暖、最亲切的话：

"孩子，我亲手缝补，是为了让你明天就能穿上。"

淡淡的一句话，却让我深深地被感动。虽然剃度的时刻和跪在佛前发愿帮助众生的时刻仍未到，但我自己在心中默默许下誓言，此生必将尽心为人服务。心满师兄也向我投来关爱与敬重的眼神。那一刻，我感觉世界充满了芬芳的花朵。

在那之后，我还得到过许多新僧袍。新袍总是让人欣喜，但随后，它们却总是被忘记。只有那件破旧的棕袍，在我心中永远神圣。如今，那件棕袍已经破旧不堪，无法穿着，但我仍将它留在身边，只要时不时地看看它，就能让我回忆美好的过去。

香蕉叶

当一片叶子凋零的时候，树并不会哭泣

小香蕉树有三片叶子，在越南为僧时，我就从观察香蕉树中悟出了它的一些道理。第一片香蕉叶完全伸展，沐浴阳光和雨水，生机勃勃。第二片叶子微微伸展，但未完全展开。第三片叶子，也就是最小的，尚未展开。

我注意到，第一片叶子张开后，就会帮助第二片和第三片生长。它会努力张开，然后吸收阳光和雨水。微风一吹，它就摇摆。第一片和第二片叶子从第三片叶子里看到了自己的过往，所以，当第一片叶子开始枯萎、凋零的时候，它不会哭泣。它知道，它可以依靠第二片和第三片叶子，继续生长。最终，它还会归落尘土，滋养整棵香蕉树，滋养生命犹存的那些香蕉叶。

生活的意义亦是如此。我们为某个事物、为某种目的而活。透过第一片叶子，我能看到自己的影子。我只有好好地生活，才能帮到我的师弟们，将我的快乐、我的希望和我最好的地方传递给他们。而他们，也会用同样的方式去滋养尚未出生的家族后代。感谢"无分别"之智慧（亦即梵语"舍"），我们之间才没有斗争、争论或竞争。只要我们不再将自己当作孤立的个体，我们之间就能和谐相处。当我教授朋友禅修时，我从不称自己为"导师"，也不会把朋友当作"学生"。世人本无授受之分，我们都是平等的，只有齐心合力，才能助彼此成长。

盛开的仙人掌

我们有时需要一个盛大的仪式，找到简单与美好

　　曾经，在越南，如果你的仙人掌将要盛开，那么你一定会借机邀请众人一同庆祝。你会预计它完美盛开的日期，然后写张贺卡邀请朋友前来。你会做足一切准备，为朋友们准备上好的茶、丰富的菜肴和美味的麦芽糖。

　　越南人会摘下最好的幼苗小麦，将它泡在温水里，待小麦泡发，就将它和糖蜜一起熬煮。虽然我们未在当中放糖，但熬煮之后，它就会略带甜味儿。随后，我们进行提炼，直到它变得很浓。之后，我们会到河里捡些小鹅卵石，仔细洗净，放在阳光下，盖上麦芽，一起晒干。如此，鹅卵石上就会留有麦芽糖蜜。我们的祖先喝茶时，就会舔舔这些"麦芽糖"。制作这样的"麦芽糖"需要投入极大的爱与精力——当然，它并不是真正的糖果，因为假使你像咬糖果一样咬上一口，肯定会把牙齿咬坏。

当特殊的日子来临时，我们会仔仔细细地打扫屋子，准备一些盛开的仙人掌、卵石麦芽糖以及茶水。有时，天气突然变凉，仙人掌无法及时绽放，我们就会搬一个鼓到仙人掌前，敲锣打鼓，请它开花。

这些都是过去的生活，听起来可能稍显幼稚，但却充满诗意与美妙。

所有人都到达后，我们会在花园里欢迎大家，气氛会变得像过节一样：亲朋好友来相聚，好似盛大的节日来临。子子孙孙也都赶来庆祝，感受这神圣的一刻，感受轻松自由、友爱愉悦的氛围。大人无须教授小孩应当如何庆祝，孩子们会自己观察如何融入。

也许你们不会用这样一场盛大的仪式，与亲朋好友一起庆祝某种植物绽放；也许你们不会制作卵石麦芽糖之类的东西。但，仍希望你们能抽出时间，心怀愉悦、美好与简单，与亲朋好友喝茶、享宴，将这些美好的精神文化传于你的子孙。

关门

每一件寻常事，都可以是禅修

有时，孩子们会问我："你为什么禅修？"我因为热爱而禅修。我不仅热爱坐禅，还热爱行禅甚至站立禅。试想，就餐前，你需要排队等候购买餐食，如此，你就有了修习正念呼吸的机会，觉知你的吸气和呼气，感受自己和周遭所有人的存在。

禅修也可以随时随地地进行。开车时，你也可以带着正念。只要你能深刻地吸气与呼气，你就是在禅修。洗碗时，如果你能感受吸气与呼气，并因此露出轻松的微笑，洗碗也就会变成一件非常快乐的事。我个人就非常喜欢洗碗，洗碗不光要将碗筷洗净，更要享受洗碗时的每分每秒。只要心存正念的力量，日常生活的每一个行为都可以充满快乐。

每天，我都会这样修习。记得我还是一个沙弥时，师父曾让我帮他做一件事。我十分爱戴师父，非常高兴能为他做事，所以便急匆匆地出门了。但因为高兴过头，我做事不够正念，出去时"砰"地甩上了门。师父马上将我叫住："孩子，请你回来，重新关门。"听到他的话，我才知道自己忘乎所以。我向师父鞠躬致歉，然后念念分明地走到门前，每一步都在正念中。慢慢地，我以正念之心，走了出去，关上了门。后来，无须师父再叮嘱，我每次开门和关门时，都会念念分明，同时会想起我的师父。

许多年过去了，我有幸，得以再次前往肯塔基，拜访特拉普派修道士托马斯·默顿。我离开后，他对学生们说："看到释一行关门的样子，我就知道他已修成真正的佛僧。"

许多年后的一天，一位从德国来的天主教妇女，来到我们在法国的梅村禅修中心。离开时，她对我们说，她听过托马斯·默顿的一次演说，因此感到十分好奇，特意过来看看我究竟如何关门。

绿草

趋于完美的人因为小瑕疵所以可爱

　　我们的静修处建在越南中央高地的山林里，附近生活着土生土长的越南山民，他们会将林里的东西——竹子、藤条、兰花、鹿肉——卖给城里人，却从不卖绿草。他们说，绿草能防脚抽筋。我想，这些绿草也许还能缓解关节疼痛；大夏叔叔也说，这些东西能治疗失眠。我们偶尔会摘一些珍贵的绿草，请心慧阿姨给我们熬汤。但那些山民朋友却从不用绿草熬汤。他们只是将绿草弄碎，加点盐，一起蒸煮——他们最喜欢这道菜肴。一天下午，植物学教授凤女士①，从西贡赶来，她收集了一些绿草，熬制成汤——但她收集的只是普通的草。我们假装喝到的是"绿草汤"，事后都有些亢奋，一个劲地捉弄那位好脾气朋友——她这个植物学家，认错植物了！

―――――――――

① 1988年，凤女士受戒成为真空比丘尼，为释一行的第一批弟子之一。

洗碗

洗碗的每一刻只为感受生命和生活本身

在慈孝寺做沙弥时，我最不喜欢的就是洗碗。每年雨安居时，所有的僧侣都要回到寺院，一起修行三个月。有的时候，就只是我们两个沙弥，为一百多名僧侣洗碗刷盘。那个时候，没有洗涤用品，我们只能用米皮、香灰、椰子皮。要清洗高如山堆的碗筷，难之又难。到了冬季，清水更是又冰又冷，我们必须先烧一大壶水，才能开始洗涤。如今不一样了，如今有洗涤剂、清洁海绵，甚至还有热腾腾的自来水，洗碗变得轻松多了。

不过，在我的记忆中，也只有在不洗碗的时候，才会觉得洗碗这件事令人十分不悦。但真正站在水槽前，卷起衣袖，双手放进暖暖的水池里洗碗时，内心却是十分愉悦的。我喜欢洗碗，享受洗碗，喜欢感受碗筷、清水和我的双手在一起的每一刻。这时我就会想，如果我急于求成，为了完成任务，敷衍了之，那么我就能快些坐下来吃块点心、喝杯茶。但倘若如此，洗碗就变得令人不快，结果毫无意义。这对于每分每秒都是奇迹的生命来说，就会因此而留下少许遗憾。碗盘在此，而我在洗碗，这本身就是奇迹！

如若我不能愉快地洗碗，心里只急于快点洗完，好去吃点心、喝杯茶，那么，到真正洗完的时候，我应该也无法好好享受点心和茶。即便拿着叉子吃点心，我可能也在思考着接下来做什么。于是，这份点心的可口和美味，与享用这份美味的愉悦之情，都将不见。我将不停落入未来之牢笼，完全脱离实际，无法感受此时此刻。

带着觉知之光的每一次思考和引发的每一个行为，都将变得神圣。但在这道光的普照之下，神与凡并无界限。虽然洗碗耗费我诸多时间，但我深刻地活在每个时刻，我感到快乐。洗碗，既是一种途径，亦是一个终点。我们洗碗，是为获得清洁的碗具；我们洗碗，是为了洗碗本身，为了完全地感受洗碗时的每一刻，为了真实地感知生命与生活的存在。

榴梿

爱缺少了理解，只会令人痛苦

在东南亚，许多人都非常喜欢一种庞大多刺、气味很浓的水果——榴梿。甚至可以说，有些人是痴迷于榴梿。一些人吃完榴梿后，会将榴梿皮放在床下，以便继续闻到它的味道。但对于我来说，榴梿的味道极其难闻。

一天，我正在越南的寺院里独自练习诵经，佛殿里恰巧放着一个榴梿供佛。当时，我敲着木鱼和磬，准备唸诵《妙法莲华经》，但因为榴梿气味太浓，完全无法集中精力。最后索性将磬反扣，盖在榴梿上，才得以继续诵经。诵完经后，我向佛陀深鞠一躬，"释放"了榴梿。

如果你对我说："我特别喜欢你，请尝一口榴梿吧。"那我一定会痛苦不已。你喜欢我，想让我快乐，却让我吃榴梿，这就是缺少理解的爱。你本意是好，却没有正确理解他人。

爱一个人时，我们总希望他们快乐；他们不快乐，你也不会快乐。但快乐并不是一个人的事，真爱应能相互理解。爱，实际上是"理解"的别称。如你无法理解他人，也就无法正确地去爱。缺少了理解，你的爱只会让他人痛苦。

《海潮音》

参与实践，是改变的第一步

我在顺化的佛学院为学僧时，颇有革新精神。我希望佛教能团结人民，但佛学院并没有教授我们相应的方法来实现这个愿望。于是，我们一部分人便认为：只有革新佛学教育和修行，才能为大家提供合适和具体的修行之道，以团结人民，废除社会不公，消除战争。

我们采取的第一步措施便是设立简刊，传播我们的主张。那时，我们没有复印机，甚至连油印机都没有，但我们接受佛学院每一位学僧的投稿，并将稿件装订在一起，制成一份简刊。雄心壮志的我们，给这份简刊起名为《海潮音》。潮水涨起的声音，胜过世界的一切声音。简刊在佛学院内人手相传，所有人都读到了。一些导师很喜欢，认为它观点新颖；但也有一些导师不喜欢，认为我们是危险分子，并禁止这份简刊传播。

在佛学院，许多导师将和平、慈悲、无我和众生之快乐挂在嘴边，但却少有人能真正付诸实践。他们宣称要帮助社会，却没有实际地帮助穷人和弱者。当时，许多越南年轻人受到鼓舞，积极加入政治革命组织——比如共产党、国民党。许多政治运动鼓吹与法军抗争，把他们赶出越南，为社会公正而战。年轻气盛时，谁不想为国家做点事呢？许多年轻的僧人受马克思主义吸引，想要离开寺院，参加运动。他们认为禅修已经过时，无法满足人们的需求。

　　光采取行动反对不公还不足够。我们认为，行动必须包含正念。如果缺乏觉知，行动只会造成更多危害。我们团体认为，一定有可能将修行与行动结合，创造出正念行动。

　　学院如此固执保守，乃至我们四人决定离去。我们留下一封信，要求改进和革新佛学教育和修行的方法。我们的离开好似一道正念的钟声，告诉他们，如果不引起重视，学院里其他许多人都可能离开。我们希望建立一个新的社团，可以让我们按照我们认同的方式学习、教授和修行佛法。

　　那段时期十分困难。我们没有一分钱，但许多朋友都来支持我们。我们在乡下找到地皮，建了一座小寺，并在那里修行。我们有充足的精力、动力和善意。我们不找寻钱财、权力或名誉，只想找寻到能帮助我们改变社会，应对时代变迁的佛教模式。

在西贡，我们建立了一个修行社团。我还就佛教在经济、教育、政治、人文领域的应用和革新出版了一系列图书和期刊。直到那个时候，在西贡的佛学院才意识到，如果他们不想失去更多人，就必须做出改变。于是他们开始开设哲学、比较宗教和科学课程。

几年后，1964年，西贡佛教会请我担任新周刊《海潮音》的主编，我接受了。这一次，在我们创办第一份人工装订杂志十年之后，《海潮音》得以正规印刷和装订并广泛传播。我们的编辑团队开始报道佛教团体促进国家和平和统一的事宜。佛教徒们出门宣讲，领导大规模街头游行、绝食抗议，撰写文章和信件。我们也刊登了一些非常优秀的诗人的作品，每周印制50000份，空邮至顺化和岘港。

我们大家都在西贡编辑杂志时，我住在竹林寺那边的一个小茅草庙里，距离城市中心大约一个小时摩托车程。住在那边的师兄弟帮忙将茅草庙变成了一个精巧的地方，我们所有人都可以住进去。每个星期，我们都可以一起坐禅、行禅，一起想象光明的未来。我们实现了自己的梦想：基于修行的行动，能让世界变得更加美好、能满足人们需求的行动。这样的经历让我明白了入世的修行不仅是可能的，也是必要的——如果我们想要真正的和平改变。

战争与流亡

我们可能被夺取许多东西，
但没有人能偷走我们的决心或自由。

最后一袋米

我不会站在任何一方，也不会树任何敌人

1946 年，在法属印度支那战争期间，我是越南中部顺化慈孝寺的一位沙弥。当时，顺化城被法国军队占领。一天，两名法国士兵来到我们寺院，其中一名留在寺外的吉普车内，而另外一名持枪走了进来，要求我们交出所有粮食。我们仅剩一袋米，供所有僧侣食用，而他想将它带走。那名士兵年纪轻轻，不足二十岁，十分饥饿。他看起来又瘦又苍白，似乎是得了疟疾——我当时也身患此病。

我不得不遵从他的命令，将一袋重重的米搬上吉普。路途遥远，我搬着沉重的米袋蹒跚而行。他们将带走我们剩余的少许米粮，不给我们留下任何食物。后来我才知道，其中一位长老悄悄将一罐米埋在院子里的地底下。

这些年来，我想起过这位法国士兵许多次，他年纪轻轻，却不得不离开父母、兄弟姐妹和朋友，来到世界另一头的越南，面对杀掉我的同胞或被杀掉的恐惧。我常常会想，这名士兵是否在战争中幸存，是否能回到家乡，回到父母身旁。但极有可能，他没有幸存下来。法属印度支那战争持续了许多年，最终以法国败于奠边府和1954年的《日内瓦协议》结束。深省历史，我发现越南人并非这场战争唯一的受害者，法国士兵也深受其害。如此一想，我心中对那位士兵生出一丝慈悲，只愿他也安好。

我不知那位法国士兵之名，他也不知晓我，但我们相见之时已彼此为敌。他为我们的食物而来，为了食物准备将我杀掉；而我，为了保护自己和其他僧众，只得顺从他意。但就本质而言，我们两人并非敌人。在不同的环境下，我们可能会成为亲密挚友，甚至如兄弟般相敬相爱。是战争将我们分离，并将暴力带入我们之间。

战争本质即如此：它将我们变为仇敌。由于恐惧，互不相识的人互相残杀。战争制造如此多的苦难——孩子们沦为孤儿，整座城市和村庄被摧毁。所有遭受这些苦难的都是受害者。生活在如此多灾多难的环境下，又经历了法属印度支那和越南战争的我，最深的愿望是想要阻止战争，希望它永不发生。

我祈祷，各个国家即便是以和平之名，也不再派遣年轻人彼此斗争。我不能接受"和平之战",或是"公正之战"的说辞;同样,我也不接受"公正之种族主义"、"公正之役"或"公正之恨"的说辞。在越南战争期间,我和我的朋友们宣布中立:我们不会站在任何一方,也不会树立任何敌人,无论南方人还是北方人,无论法国人、美国人还是越南人。

一名法国士兵

宁静是一片强大而治愈的神奇海洋

　　1947 年，我在顺化，在报国寺佛学院居住和学习，离我出家时的寺院和我常居之处不远。当时正值第一次法属印度支那战争期间，法国军队占领着整个区域，并在顺化建立了军事基地。我们常常听到周围传来法国士兵和越南士兵交战的枪声。双方在山林各处都设立小型堡垒抵御对方。每到夜晚，村民们都躲在屋里，以免受到火力伤害。清晨，当他们醒来之后，便会发现前夜交战后的尸体横在路边，路面到处是石灰混着血而写下的各种口号。偶尔会有僧人在远处的路上行走，但几乎没有其他人胆敢穿过这片区域——尤其是刚撤退回来的顺化当地居民。即便报国寺附近就有一处火车站，但也几乎无人敢去！

　　一天早晨，我从报国寺出来，准备回出家的寺院看看。当时，天还很早，露水还留在小草尖上。我的布袋里装着我的僧伽梨衣和几本佛经，我的手里拿着传统的越南锥形草帽。一想到可以见到我的师父、师兄弟和那座古老而令人崇敬的寺院，我就感到轻松、快乐无比。

但我刚翻过一座小山，就听到一句呵喝。在山顶，在路的上方，我看到一位法国士兵正在挥手。我以为他见我是个僧人，以此来取笑我，我便转身离开，打算继续往下走。我突然感觉这并非可笑之事。我听到身后传来重重的士兵军靴的声音，并跑步向我而来。也许他想搜查一下吧，我携带的布袋可能让他觉得十分可疑。于是我停下来，等待着。一位身形瘦小、面貌英俊的士兵向我走来。

"你去哪里？"他用越南语问道。从他的发音，我即刻判断出他是法国人，并且对越南语知之甚少。

我微笑着，用法语问他："如果我用越南语回答，你能听懂吗？"

他听到我说起了法语，眼前一亮。他说他无意搜查，只是想问我一些问题："我想知道你是哪座寺院的。"

当我告诉他，我住在报国寺时，他似乎颇感兴趣。

"报国寺，"他说道，"就是火车站附近那座山上的大寺院吗？"

我点了点头。他指了指山上的一个水泵房——显然那是他的巡守地——并说道:"如果你不是很忙的话,请和我一起上去,我们聊一会儿吧。"于是,我们在水泵房附近坐了下来,他告诉我,他和另外五名士兵十多天前曾去过报国寺。

那天晚上十点,他们去那里搜寻越南反抗组织越盟的人——有报告说他们聚集在那里。

"我们一定要找到他们。我们带了枪,指令要求我们逮捕他们,如有必要,直接杀掉。但我们走进寺院时却惊呆了。"

"因为那里有太多越盟的人?"

"不!不!"他大声说道,"如果是看见越盟的人,我们不会惊讶的。无论有多少越盟的人在那里,我们都会发动攻击的。"

我十分不解:"那是什么令你们惊讶?"

"发生的一切都出人意料。以前,无论我们搜查什么地方,那里的人们都会逃跑,或完全陷入恐慌。"

"人们遭遇太多恐怖之事,所以才会因害怕而逃离。"我解释道。

"我个人并不喜欢恐吓或威胁别人。"他回应道,"也许他们曾被在我们之前到来的人所迫害，所以才会如此害怕。"

"但我们进入报国寺时，却像进入了一个荒弃之地。煤油灯微微地亮着。我们脚踩碎石，故意发出很大的声音。我感觉寺院里有许多人，但除了闹钟嘀嘀嗒嗒之外，我们没有听到任何人的声音。四周一片寂静，没有一个人回应，这让我很不舒服。我打开手电筒，照向一间屋子。我们原本以为那是一间空屋，却没想到五六十个和尚在那儿静坐。"

"那是因为你来时正是我们做晚课的时候。"我点点头，说道。

"是的。我们好像遇到了一股奇怪而隐形的力量，"他说，"我们吃惊不已，转身退到了院子里。这些和尚竟然无视我们！他们没有惊声尖叫，也没有表现出慌张或恐惧。"

"他们并没有无视你们，他们只是在修习正念呼吸——仅此而已。"

"我被他们的沉寂吸引。"他坦言，"并不由得心生敬意。我们在院子里的一棵大树下安静地站着，大约等候了半个小时。随后，一阵钟声打破了宁静，寺院恢复正常活动。一个僧人点燃一把火炬，过来邀请我们进去，但我们只是告诉了他此行的目的，然后便离开了。那天以后，我对越南人民的看法开始变了。"

"我们当中有许多年轻人，"他继续说道，"我们都很想念家乡，想念我们的家人和我们的祖国。我们被遣派到此，但我们不知道自己能否消灭他们，或是被他们消灭，然后永远也回不了家，回不到家人身旁。看到这里的人如此努力地重建破碎的家园，让我想起第二次世界大战后，我的亲人在法国所经历的破碎生活。和尚们平静而安详的生活和越南人民破碎的生活，让我想起这个地球上所有人类的生活。于是我开始思考，为什么我们要到这里来。什么冤仇值得我们不远千里来到这里与他们战斗？"

我被他的话语深深感动，便拉起了他的手，并为他讲述我的一位老友的故事。那位老友应征入伍对战法国，在许多场战役中连连获胜。一天，他来到寺院找我，拥抱我时，他突然泪崩。他告诉我，在攻打一个堡垒时，他藏在几块岩石后面，看到两名法国士兵正坐着聊天。"当我看到那些小伙子阳光、英俊、天真的面庞时，实在不忍开枪啊，我的兄弟。"他说道，"别人可能会说我软弱，他们会说，如果越南战士都像我这般，那要不了多久，我们整个国家就将灭亡。但在那一刻，我就像母亲爱着我一般爱着这两位敌人！我知道，如果这两位小伙子死去了，他们在法国的母亲一定会痛苦不已，如同我弟弟死去时，我的母亲也悲痛万分。"

"所以，你看，"我对那位法国士兵说，"年轻的越南战士心中也充满人性之爱。"

那位年轻的法国士兵静静坐着，陷入了沉思。也许，他像我一样，越来越清楚地认识到了杀戮的残忍，战争的伤害，以及许多年轻人以如此不公正而令人心碎的方式死去给人们所带来的痛苦吧。

太阳已在天空高高升起，我也该离去了。那位士兵告诉我，他的名字叫丹尼尔·马蒂，今年二十一岁。他还给我看了他母亲和弟弟妹妹的照片。我们心中怀着理解与友谊离别了，他还许诺，以后每个星期天都会来寺院见我。

随后几月，他如约而来，我带他来到大殿，与我一起修习。我为他起了法号"清凉"，意思是"纯净、明晰、沉着"，他很喜欢这个名字，因为他很期盼拥有一个纯净而和平的生活。我还教他越南语，几个月后，我们能用我的母语简短交流了。他告诉我，他已不需要像先前那样去参加突袭了，我为他感到放松。他收到家里来信时，必与我分享。无论在哪里遇见我，他都会合掌问好。

一天，我邀请清凉来寺院吃素餐。他很开心地接受了我的邀请，并大加称赞美味的乌榄和可口的菜肴。他发现我师兄弟做的蘑菇米粥十分美味，不相信那些都是素食材料。我不得不向他解释熬制细节，他这才相信。

许多时候，我们坐在佛塔旁边畅聊精神与文学。当我称道法国文学时，清凉眼前一亮，他为祖国的文化甚感骄傲。我们的友谊愈加深厚。

后来有一天，清凉来到寺院，说他的部队将转移到另一个区域，并且他很可能很快就能回到法国。我陪着他一直走到寺院三道拱门的下方，并与他相拥道别。"我会写信给你的，兄弟。"他说。

"我会很高兴收到你的来信，并且一定回复。"

一个月后，我收到了他的来信。信中说，他的确回到了法国，但又将出发去阿尔及利亚。他许诺，到了那边一定给我写信。但自那之后，我再无他的音讯。谁也不知清凉如今身在何处，他是否还安好？但我知道，最后一次见到他时，他内心充满平静。寺院里非凡的宁静改变了他，使他允许所有生命进入他的心中，他认清了战争的无意义和破坏性。而这一切，都源于那一刻的彻底静止，并打开了那片神奇海洋——宁静、强大而充满治愈力。

新鲜药草

我也需要时间来生活

在战争期间，令人担忧的事情数不胜数。每天枪林弹雨，百姓生活在水深火热之中。我全神贯注地思考如何帮助阻止战争、杀戮和苦难，认为自己没有时间去关心生命之中使人精神焕发、使人治愈的奇迹。因为有这样的想法，所以我并没有得到我所需要的营养。

一天，我的一个学生前来协助我工作。她准备了一篮芳香的越南药草——我们在越南每一顿都会吃的各种新鲜的绿色食物。我惊叹于这些药草色香味俱全，并深吸一口气，享受一碟新鲜绿蔬就足以让我的元气恢复平衡。

我原以为自己根本无暇去注意这些芬芳的药草，但那一刻，我突然意识到，我不可能让自己将所有精力都完全投入到工作当中，我也需要时间来生活，需要时间去接触内心深处和我身边那些使人精神焕发、使人治愈的东西。

作为活跃分子，我们强烈希望自己能成功地帮助世界。但如果我们不能保持工作与自身所需的营养之间的平衡，就不可能非常成功。行禅和正念呼吸让我们的身体和心灵都得以休息，而接触内心深处和身边那些使人精神焕发、令人治愈的元素对我们的生存而言，是十分必要的。

不放弃

为什么在我们的生命中精神面貌那么重要

1964 年，在我们启动《海潮音》新版的同年，我们创办了青年社会服务学校（SYSS）。SYSS 培育了成千上万的年轻人，让他们从饱受战争创伤的偏远乡村走出来，参与人道救援工作。一天，我们听到消息，说我们曾帮助建设的广治省小村茶罗被轰炸了。那里距离南北分界的非军事区（DMZ）非常近。我们——我和SYSS 的社会工作者们——耗时一年多，让小村变成宜居的美丽村庄。但他们收到消息说，当时敌方游击队已混入其中。

村民们失去了家园，我们的社会工作者不得不到别处避难。他们还传来消息给我们，询问他们是否要重建村庄。我们答复："要。你们必须重建村庄。"于是，我们又花费六个月进行重建。随后，小村第二次遭炸弹炸毁。人们再次失去了家园。我们在全国各地建设了许多村庄，但在 DMZ 附近区域建设村庄却非常困难。我们的社会工作者询问我们是否要第三次建设，经过多次研讨之后，我们答复："要。我们必须重建它。"于是，我们第三次重建村庄。你知道后来发生了什么吗？它第三次在美国的轰炸中被毁。我们几乎陷入绝望。

绝望是人类能遇到的最糟糕的事情。我们第三次建设了村庄，而它则第三次被轰炸。问题再一次被提起，我们是该重建？还是该放弃？我们在总部进行了许多讨论，并几乎升起"放弃"的念头——事不过三，三次足矣。但最后，我们明智地选择了不放弃。我们发现，自己承受不起不重建的后果。如果我们放弃茶罗村，我们就会放弃希望。如果我们放弃了希望，我们就会被绝望吞噬。于是，我们第四次重建了小村。

我们极其希望结束战争，然而我们做不到，因为局势并非掌握在我们手中，而是在列强手中。我们似乎看不到战争结束的任何希望，因为这场战争已经持续了太久。我不得不时常修习正念呼吸，让自己回归自我。不得不承认，当时的我心中已无太多希望，但倘使我没有了希望，对这些年轻人来说，将是毁灭性打击。所以，我不得不深刻修习，保持着内心仅剩的一点点希望，如此，我便能成为他们的庇护所。在这样的困难时期，我们必须回归自我，重新建立坚强、自由、安宁和平静的心，才能继续人生这就是为什么在我们生命中精神面貌如此重要。

我记得，这时一群年轻人过来坐在我身旁，问道："亲爱的老师，你是否有一丝希望觉得战争会结束呢？"当时，我还看不到战争结束的任何迹象。但我不希望他们或者我自己陷入绝望的海洋，所以我沉默了一会儿，然后说道："亲爱的朋友们，佛语有云，世事本无常。战争终有一天会结束。"问题是，我们可以做些什么事加速这样的"无常"？我们的确可以做一些事情。尤为重要的是，我们要回归心中的"家"，深刻审视，看看我们每一天都能做些什么，以创造更多的安宁和快乐。

深观的作用

每一步，都在修习平等心

在战争期间，许多村庄被炸毁。寺院的师兄弟和我不得不思考采取一些行动。我们该继续留在寺院里修行，还是该离开禅堂，帮助饱受炮火之灾的民众？经过认真思考，我们决定都做——既走出寺院，向民众提供精神和实质的帮助；也以正念行事。我们将这称为"入世佛教"。正念必须"入世"。我们一旦明晓了需要做某事，就必须采取行动。深观与行动必须同步。否则，深观又有何用？

我们必须认识到世界真正的问题，而后，借以正念、专注和深观，将能知晓什么该做，什么不该做，以帮助世界。如我们修习正念呼吸，并继续修行平等心，那么即便是在困难时期，许多人、动物和植物也都能从我们的行事方式中获益。你是否在播种快乐与安详的种子？我每走一步，都在为此而努力。平静就是每一步。我们是否可以继续旅程？

飞机场

危险总是由内而来

1964 年，我坐在越南中央高地一个空空的飞机场上。当时正值战争期间，我在那里等候飞机飞往北部的岘港，去了解那里正遭遇的洪灾，去慰问灾民。形势非常紧急，我必须尽我所能赶上第一架飞机——运输毛毯和衣物的军用飞机。但这架飞机仅飞至中央高地的波来古。于是，我独自坐在沥青路面上，等候下一架飞机。

过了一会儿，一位美国军官走了过来，他也在等候飞机。整个飞机场上只有我们两人。我见他是一名年轻的美国军官，便不由得同情起来。他为何要千里迢迢来到这里杀人或等着被杀呢？同情过后，我对他说："你一定很害怕吧。"他听了，马上将手握紧枪杆，问道："你是越共吗？"

我这才意识到自己的谈话有失技巧，我浇灌了他心中的恐惧种子。

我知道，我必须非常平静。我深深地吸气、呼气，然后平静地说："不，我只是在等飞机飞往岘港，去看看那里洪水的情况。"我静静地坐着，语气非常平和，希望能传达我对他的万分同情之心，让他知道，战争害人无数，不仅越南人受苦，美国人也同样如此。幸运的是，我足够平静，使得他也重新平复，放下了紧握在手中的枪。如果我表现出恐惧，他肯定会因他的恐惧而向我开枪。但我小心谨慎的平和交谈，得以让我们两人都继续上路，而我们之间也多了一份理解。

　　危险总是由内而来。虽然一些事故无法避免，但如果你足够平稳和清醒，就有机会减少和平息危险或灾难。

热

炎热季节里的冰凉糖水

1965 年，我在西贡投身于战争救济之事，住在万行大学拥挤的宿舍里。那些房间闷热无比。纸板天花板无法阻挡灼热，一到中午，我们就必须到槟榔树下寻凉。酷热也带走了我们的食欲。在那些日子里，逃离城市、回到乡下的村里如同在冰凉的河水里游泳一样教人高兴。感受微风吹拂，望着一片片田地和棕榈树，更让人舒畅无比。

西贡的一位邻居——四先生——劝我在工作的房间里装一个空调。他极力向我推荐装空调的好处——虽然要花点钱，但却可以让我们加倍完成工作。

实情的确如此。天气如此炎热，我没有办法写作。但我仍然决定不买空调。钱不是问题，事实上，院长也认同此事，并准备购置一台价格便宜的。但如此一来，我们就会成为穷困的邻里之间唯一拥有空调的人，人们看待我们的态度也会改变。拥有一部旧车是一码事，拥有一台空调则是另外一码事。

所以，我便去找另一种解决方式。七先生独自住在寺院隔壁的两层楼房里。他一早骑着摩托出门工作，直到半夜才回。我便询问他，在炎热的白天，我能否到他楼下办公，他同意了。所以，当我想要写作，或不想被来访者打扰的时候，就到隔壁去。

在越南，朋友之间总是随心所欲地大驾光临，没有人会先打个电话或预约。不在家的话，我就不必在他人突然到访时粗鲁相待了。不过，我一天之中会有几个小时在学校办公室里办公，但由于酷热难耐，这已成为我最不喜欢做的事。

另一个应对酷暑的办法便是一位商贩邻居的冷冻糖水。她将绿豆和槟榔花煮成糖水，和越南中部的人做法一样。这两种东西我都喜欢。越南人将糖水称为"che"。其实，很难向未品尝过的人描述它的味道，但它真的很美味。小贩会将它们冷冻起来，再拿去卖。烈日炎炎的时候，小小两碗糖水就像满满一杯冰爽的椰奶一样令人精神焕发。

在陆地的海洋里

如果你想要平和，那你就必须平和

许多年前，我曾在灯罩上写下四个汉字——欲安得安。几年之后，1976 年，在新加坡，我有此机会将这些汉字付诸实践。

当时我在新加坡参加世界宗教与和平会议，并开始认识到当地政府所谓"船民"的境况——即那些试图逃离家乡迫害和暴力的难民。当时，世界并不知晓船民，泰国、马来西亚和新加坡政府都不允许他们登陆。新加坡的政策尤为严厉。

我们几个人计划帮助这些难民。我们将计划称为"血流众苦"。我们租了两艘大船——"利普德"号和"罗兰"号——用来收留开阔海域的难民，还有两艘小船——"西贡 200"号和"黑点"号——用来联络岸上和船只、运输食物和供给物。我们计划载满两大船难民，带他们去澳大利亚和关岛。到了那里，我们可以通知新闻媒体，让世界注意到他们的困境，而不再将他们遣回。

只是言传慈悲并不足够，我们更应该实践慈悲。我们必须秘密行事，因为当时大部分国家政府都不愿承认船民处境。我们知道，一旦被发现，我们也将被驱逐出新加坡。

我们在暹罗湾营救了近800人。新年前夜，我划着"西贡200"号小船出海，与大船上的难民们交谈。我用扩音器，向他们表达了新年祝愿。相互道别之后，我往回驶向岸边，而这时，黑夜里突然打来一个巨浪，将我全身浇透。我感觉这是黑夜向我传来警示："这些人死去也是命该如此，你为什么要干涉？"

在新加坡，如果想帮助船民，就不得不违反法律。我们去到渔民家中，告诉他们："一旦你们救助了船民，请打电话给我们，我们会立即接走他们，以免政府为此惩罚你们。"我们告诉了他们电话号码，时不时地接到一个渔民的电话，我们便会打车去接那位难民。夜里，我们会将他们带到已经关门的法国大使馆，帮助他们爬上大使馆的大院，然后告诉他们静静等到天亮。

当时的法国驻新加坡大使颇具慈悲之心。早晨，他发现这些船民后，便会打电话叫新加坡的警察来接走他们。他知道，如果由他移交船民，那么他们就会被判为"非法难民"，并被安全地送往监狱。蹲在监狱，远比遣回时可能会让他们命丧大海要好许多。

我们做这样的工作，接触到人民深重的苦难，若不是有强大的精神力量，我们恐怕无法继续。在那些日子里，我们坐禅和行禅，一日三餐也修习静默正念食用。我们知道，若非这样的训练，我们的任务就会失败。许多人的生命都依赖于我们的正念修习。

不幸的是，我们从海上的小船中营救了近800名难民后，新加坡政府便发现了我们欲借"利普德"号和"罗兰"号将难民送往澳大利亚的计划。一天深夜两点，新加坡警察包围了我逗留的大楼。两名警察封锁前门，两名封锁后门，还有两名冲了进来。他们没收了我的旅行证件，并命令我在二十四小时之内离开这个国家。

当时，我们已经让800名难民登上了两艘大船。我们必须想办法让他们安全抵达澳大利亚或关岛的某个海岸。我们该怎么办？我们必须深呼吸，集中心意。深夜时分，没有人会接听电话。我们无法回去睡觉，于是便在小小的公寓里开始修习正念慢行。

"西贡200"号和"黑点"号未获授权离港，无法给"利普德"号和"罗兰"号的难民运输食物和水。"罗兰"号上的燃料足够抵达澳大利亚，但它的引擎坏了，我们必须给船上的人送去食物。当时风很大，海面波涛汹涌，我们担心船只安危：即便它能够漂移到岸，马来西亚政府也不允许它进入马来西亚海域。我差不多已经获得许可进入一个邻国，但泰国、马来西亚和印度尼西亚政府不会为我发放入境签证。随后，我们又收到消息称一个孩子在"利普德"号上降生。

虽然我当时身在陆地，却感觉自己漂荡在大海之中，我的生命与两艘船上的800名难民在一起。

在这个极度艰难的情况下，我意识到，自己必须实践"欲安得安"。我惊讶地发现自己非常平静，不害怕，也不担心任何事情。我的担忧已经消失——我的心境真的到了平和状态。

而问题却如此之多，似乎不可能在短短二十四小时内解决。甚至在整个一生之中，我们许多人都会抱怨时间不够。短短二十四个小时怎么可能做完如此繁多的事？我断言自己如果无法在那一刻平静内心，那我将永远都不可能收获平静。如果我在深陷危险时无法获得平静，那么我在更单纯的时刻所获得的平静就将毫无意义。如果我在深陷困难时无法得到平静，那我可能永远都不会认识真正的平静。有生之年，我都不会忘记当晚那些坐禅的分分秒秒，那些呼吸和那些正念的步伐。

当我直面这些问题时，成功终于到来。凌晨四点，我突然想到一个办法，去请求法国大使干涉，以便我们能在新加坡多待十天，完成行动，让难民们获得安全。但法国大使馆要早晨八点才开门，我们便在门外继续行禅。

　　八点，大使馆开门时，我们已在使馆门外等候。进入使馆后，我们与大使交流，随后，他给新加坡政府写了一封信，请求对方允许我们再停留十天。拿到信件后，我们马上冲到移民局办公室，又从那里转到外交部，正好赶在中午之前，让他们同意我们延期，而此时我们仅有十五分钟赶回移民局更新延期十日的签证。若不是生活里还有精神维度，我们恐怕就会失败。

椰子和尚

和平的讯息无处不在

在战争期间，有一个和尚住在湄公河中央小岛上。他在一棵椰子树上挖了一个平台，并在那里禅修。他在那里可以感受微风吹拂，尽情俯视下方的河流。椰子和尚为了教授人们平和之道，做了许多事情。他在小岛创建了修行中心，邀请人们与他一同坐禅。他搜集子弹和炸弹碎片，并用它们制成一个大钟，一个正念之钟，并将它挂在他的修行中心。每天早晨和夜里，他都会请响大钟。他还写了一首美丽的诗，诗句如下：

亲爱的子弹，亲爱的炸弹，
我帮助你们一同来此修行。
前生，你们杀害无数。
但此生，你们将修行，
召唤人们苏醒，

唤醒人性，唤醒爱，唤醒理解。

有一次，他徒步前往西贡，来到了总统府。他想将和平的讯息带给当时的总统阮文绍，但守卫不让他进入，他便在外面等着。他随身带着一个笼子，里面装着一只老鼠和一只猫。而那只猫并没有吃掉那只老鼠。守卫对他说："快走开，你不能坐在这里。你想干什么？"椰子和尚回答："我只想让总统知道，即便是猫和老鼠，也能和平相处。"

他悉心照料着猫和老鼠，使那只猫不会感觉自己必须吃掉那只老鼠。他想陈述的是，既然一只猫和一只老鼠都能和平共处，那么人类为什么不可以呢？这就是椰子和尚会做的事情。一些人认为他疯了，但实际并非如此他所做的一切不过是为了使人理解他的想法。

战区正念

非暴力是我们凭借智力就可以学习的事

1968 年，我前往美国，呼吁美国停止轰炸越南。那年 5 月，美军轰炸西贡十分猛烈，我和我的学生建立的青年社会服务学校整个都被炸毁。一万多名难民来到我们的校园，许多人都受了伤，我们不得不照料他们。但我们完全没有准备食物和基本的医疗卫生设备，若到校园之外去寻找这些物品，将十分危险。当我们的绷带用完了之后，年轻的妇女们便撕下她们的长裙，作绷带之用。

在如此危急的情况下，我们还要转移校园里那些严重受伤者。但要转移他们，就必须穿过作战区，将他们带到医院去。我们决定用五彩佛旗替换红十字旗。僧尼穿上僧伽梨衣，将伤者带出。佛旗和僧伽梨衣表示我们是和平队伍。幸运的是，此法有效，我们得以将病人转移；否则，许多人都将丧命。

遭受轰炸的第三天，恐慌在人潮拥挤的校园里爆发。有传言说，反共分子准备轰炸学校，因为许多共产党混在难民当中。听到这个消息后，许多人开始收拾行李准备离开，无奈轰炸太过猛烈，他们被迫返回。当时，共产党与反共分子在校园外交战。二十五岁的僧侣兼学校教导主任释清文拿起一个大扩音器，本想通知大家不要离开，但他突然自问："万一轰炸真的会发生呢？"成千上万的人将死去，而他，一个年轻的僧人，如何能承担起这样的责任？于是，他慢慢放下扩音器，没有发出通知。

释清文意识到，他必须与交战双方谈谈。而要交谈，他就必须匍匐前进，穿过交战区，以免被两方射中。他先去了反共方处，劝司令官命令飞机不要轰炸满是难民的校园。随后，他又到了共产游击队那边——他们已在校园一角架起了高射炮——他请求他们不要射击敌方飞机，否则校园将受牵连而被轰炸。双方都被他的请求所感动，便照他要求的那样做了。这简直就是奇迹。在这次任务中，除了勇气、爱心和慈悲，他没有携带任何防身物品。

面对那样的情形，你必须念念分明、头脑清醒。与此同时，还必须平静地随机应变。如果你当时感到愤怒或怀疑，那么你就无法做到这一点。在战争时期，我们非暴力的修行更见深刻。非暴力不是你凭借自己的智力就能学习的技术，非暴力行为因为你内心的慈悲、明晰和理解而自然升起。

请愿

即使身处窘境，也可以心怀慈悲

在战争期间，我的其中一位弟子 —— 真空比丘尼写了一封和平请愿书。她当时是西贡大学的教授，她说服了 70 名同事在请愿书上签名。随后不久，北部军就在越南南部大范围进攻，气氛变得非常紧张。最后，当地政府通过公开广播召唤所有在请愿书上签字的教授前往教育部签署说明，放弃支持和平请愿。除了真空比丘尼，所有的教授都遵从了。

她被叫去与教育部长面谈，教育部长说，如果她不收回和平请愿书，就会失去大学职位，并将可能入狱。但真空比丘尼决意为发起请愿一事承担所有责任。

她对部长说："部长先生，作为老师，我认为，在如此杀戮满天、众生困惑的时期，最重要的事情便是宣扬勇气、理解和爱。这是我们能给予学生的最珍贵的礼物，这就是我所做的事情。而您，教育部长先生，您在成为政府高管之前，也曾是一名教师。对于我们这些年轻老师来说，您就是我们的大哥。"听到这些，教育部长的心软了下来。他向真空比丘尼道歉，并不再采取任何行动反对她。

即便身处如此窘境，也仍有可能浇灌慈悲的种子。当我们用理解和慈悲之眼看得清清楚楚时，便不会再感觉自己是暴力的受害者。甚至，我们还能对那些可能会伤害我们的人敞开心扉，并化敌为友。

马丁·路德·金，菩提萨埵

我们真正的敌人，是愤怒，仇恨和歧视

　　1966 年 6 月 1 日，我在第一次驻足芝加哥时见到了牧师马丁·路德·金本人。从见到他的第一刻起，我就感觉自己是在一位圣人面前。不仅因为他的所作所为，更因他本人成了我极大的灵感之源。那些代表着一种精神传统的人，在表现自身传统的本质时，就连行走、起坐和微笑都在传达浓厚的精神传统。马丁·路德·金当时年纪尚轻，我亦如此。我们同为唯爱社成员，致力于帮助各矛盾团体寻找和平的解决之道。

　　我们一同在他的房间饮茶，随后下楼参加新闻发布会。在新闻发布会上，马丁·路德·金第一次公开宣言反对越南战争。就在那天，我们开始共同努力，致力于越南和平，并力争在美国的公民权利。我们一致认为，真正的敌人并非"人"。我们的敌人不在我们自身之外。我们真正的敌人是人们心中的愤怒、仇恨和歧视。我们必须认清真实的敌人，并寻找非暴力的方式将它消除。我对媒体说，他为公民权利和人权所做的事情，与我们在越南阻止战争所付出的努力完全一致。

又一年后，1967年5月，我在日内瓦由世界基督教联合会组织的"世界和平"会议上再次遇见了马丁·路德·金。金博士住在十一楼，而我住在四楼。他邀请我上去吃早餐。我在途中被记者围住，所以很晚才到。他一直为我温热早餐，并一直等着我。

我们得以继续讨论和平、自由与团体的话题，讨论美国能采取什么措施以结束战争。我们一致认为，倘若没有团体，我们都不可能走得很远；没有一个快乐、和谐的团体，我们将不可能实现自己的梦想。我呼唤着他："金博士，金博士！"

他回应道："行博士，行博士！"

我对他说："马丁，你知道吗？越南人都称你为菩提萨埵——一个试图唤醒他人，并帮助他们心怀更多慈悲与理解的开悟者。"我很荣幸能有机会告诉他这些，因为几个月后，他便在孟菲斯遇刺身亡。

听到他遇刺的消息时，我身在纽约，顿感崩溃。我吃不下饭，睡不着觉。我狠狠地发誓，一定要继续建立他所说的"友爱团体"，不仅为我自己，也为他。如今，我已兑现了我对马丁·路德·金的承诺。而我也认为，我一直都能感受到他的支持。

政治犯

没人能夺走我们的决心和自由

我认识一位比丘尼，她毕业于美国印第安纳大学，在越南修行。她因参与和平与调解而被警察逮捕，并被判入狱。她在监狱牢房中也尽心修行。如此修行困难重重——白天的时候，如果他们看见她在牢中静坐，就认为那是为求和平而采取的抗议与挑衅行为，于是他们禁止她静坐。她会等到他们将灯熄灭之后再坐下来修习。他们甚至连她这样修习的机会都要窃走。但她仍能继续修习。她也行禅，尽管她所拥有的空间非常狭小。她还与一同关在小牢房里的人和善友好地交谈。她有幸得以修习，于是能够帮助他们减轻痛苦。

我还有一位越南朋友，被送入越南北部一个偏远丛林里的"再教育"营地。在那里的四年里，他一直在禅修，因此得以内在平和地生活。待到他被释放时，他的心如剑一般锐利。他知道，自己在这四年里并未失去任何东西，相反，他明白了自己"在禅修中已被再教育"。

我们可能被夺取许多东西，但没有人能偷走我们的决心或自由，也没有人能偷走我们的修习。甚至在极端情况下，我们也能保持快乐、平静和内在自由。只要我们能够呼吸、行走和微笑，我们就能平静，就能快乐。

我来自中方

我们不必困在自己多年前的想法和自我当中

一次，我与许多人在费城游行，叫停越南战争。一位记者过来问我："你来自北方，还是南方？"对于他来说，如果我来自北方，那么就可能是反美者，是共产党；如果我来自南方，那么就可能是反共者。我正念地走着，而他一直不停地举着麦克风。于是我停了一会儿，说道："我来自中方。"

有时，人们依照特定的想法或方式看待事物，他们想要将你放进某个盒子里。但如果你不属于他们头脑里的任何一个分类，又会怎样呢？重要的是事物的真实本质，而不是我们用以描述它的词语。一个名称只是一个约定俗成的称号，并非真实本质。我们必须训练自己，深入看透真正的现实本质。

当我们想起巴黎时，我们就会想到关于巴黎的一个想法、一种观点和一些描述巴黎的词语。也许我们到访过巴黎几天，所以我们认为自己认识它。还有些人，在巴黎生活了十年或二十年的人，但并未发现这座城市全部的真相。我们不应将词语和想法误认为是真相。

20 世纪 80 年代末的一天，我在阿姆斯特丹的一个演讲团里。一位神学家站了起来，问我关于在 1967 年写的一本书《火海莲花》中的一句话。我告诉他我并没有写过那本书，他感到非常震惊。但事实是，我当时是一个活生生在他面前的人，而他对二十年前的一个人产生了兴趣。1967 年时，越南和世界的境况都与当时大不相同。我们一直活在新的时刻。我们不必困在自己许多年前的想法或自我之中。

阿尔弗雷德·哈斯勒

生命没有界限

我的朋友阿尔弗雷德·哈斯勒效力于纽约奈阿克的唯爱社。他与康奈尔大学的乔治·卡欣教授一同负责将我带到美国，就越南战争一事发表演说。1966 年，阿尔弗雷德安排我在美国各地的一些教堂和大学里进行演讲。

阿尔弗雷德·哈斯勒花费许多时间与我们共事，以呼吁人们意识到战争中的越南人民所遭受的痛苦。为和平而忙碌，给了他许多幸福和快乐。北美之旅结束后，他还帮忙安排了欧洲、亚洲和澳大利亚的巡讲。我们一起共处了很久。

许多年后的一天，我准备在纽约北部领导一次正念营，却听到阿尔弗雷德在纽约天主教医院濒临死亡的消息。医院离我不远，真空比丘尼和我决定绕行到那里看看他。当我们到达医院时，阿尔弗雷斯已经昏迷。他的妻子多萝西和女儿劳拉正在那里，她们很高兴我们到来。

真空比丘尼和我到达他的房间时，他已经昏迷了一段时间，还未苏醒。真空比丘尼开始唱我写的一首歌："这个身体不是我，我亦未被困在这个身体里。我是没有界限的生命，我的本性是无生、无灭。"

当她开始唱第三遍时，阿尔弗雷德恢复了意识。切勿以为他人昏迷时，你就无法再与他们交流。请继续与他们交流，他们会以某种方式，接收到你的讯息。

真空比丘尼开始讲述我们一起为和平而奋斗的岁月，她一遍遍地讲着调停的故事。"阿尔弗雷德，你还记得在罗马的那天吗？三百名天主教神父举起三百名因拒绝参军而入狱的越南佛僧的名字。阿尔弗雷德，你还记得我们在哥本哈根的日子吗？"

她继续对他讲述着我们一起寻求和平时的快乐经历。我推拿着他的双脚，真空比丘尼回想着那些记忆。突然，阿尔弗雷德张开了他的嘴巴，说道："真好啊，真好啊。"随后，他又陷入昏迷之中。

天色渐晚，而我们当晚还要进行修行的第一次授课，于是便离开了。第二天早晨，我收到阿尔弗雷德女儿的消息，说他在我们离开几小时后便离开了人世，内心十分平和，没有任何痛苦地离去了。

请呼唤我的真名

彼此体悟，人与人之间才会生出温暖

在我流亡法国的早些年里，曾听说一个十一岁女孩与家人及其他船民从越南逃离。但就在那艘船上，她被海盗强暴。她的父亲试图出手救她，却被海盗扔进大海。女孩被强暴后，跳海自尽。收到这个消息时，我们正在巴黎的佛教和平代表团办公室里工作。听到这个可怕的消息后，我彻夜难眠。

那天夜里，我在静坐时，观想自己变成一个男婴，降生在泰国海岸一户非常贫穷的渔民家里。我的父亲是一名渔夫，他不识字，从未去过学校或寺院，也从未听闻佛法或接受过任何教育。泰国的政治家、教育家、社会工作者也从未帮助过我的父亲。我的母亲也目不识丁，她不知该如何养育自己的孩子。我父亲的祖辈都是贫穷的渔民——我祖父和我曾祖父也都是渔夫。我十三岁时，也变成了一名渔夫。我从未去过学校，从未感受到爱或理解，我生活在一代又一代不断持续的长期贫困中。

后来，有一天，一个年轻的渔夫对我说："我们出海去吧。那里会有经过这附近的船民，他们经常携带金银珠宝，有时还有钱。只要出去一次，我们就能摆脱这种贫困了。"我接受了邀请，我想："我们只要拿走他们一点点珠宝就可以了，不会对他们造成任何伤害，然后我们就能从这种贫困之中解脱了。"于是，我们变成一名海盗。我第一次出海时，甚至未曾意识到自己已经变成一名海盗。只要一到海上，我就能看到其他海盗强暴船上的年轻女人。我从未碰过年轻女人，甚至从未想过与一位年轻女人牵手或出门。但随后，我在一艘船上看到了一位非常漂亮的年轻女人，而那里并没有警察阻止我。我见过其他人做这样的事，所以我问自己："为什么我不试试呢？这是我尝试一个年轻女人身体的机会。"于是，我做了。

如果你当时在船上，并有一把枪，那么你很可能会朝我开枪。但开枪打我并不能帮助我。从未有人教过我如何去爱、去理解、去明白别人的苦楚，也未有人教过我的父亲和母亲。我不知什么有益健康，什么有害健康。我不明白原因和结果。我一直生活在黑暗之中。如果你有一把枪，你可以开枪打我，而我则死去。但你完全不能帮助我。

我继续静坐，我看见数百名婴儿于那天晚上降生在泰国沿海相似的环境里，其中有许多都是男婴。如果政客和文化部长们深观，他们就会明白，要不了二十年，这些婴孩就会变成海盗。当我能明白这些时，我便能理解海盗的行为。当我设身处地，试想自己降生在一个一代又一代未受教育又贫困潦倒的家庭时，我便能预见自己将不可避免地成为一名海盗。当我明白这些，我便会对那位海盗产生起慈悲。

当我明白这些婴孩将陆续降生并逐渐成长在一个没有任何帮助的环境中时，我就明白自己应当做点什么，以免他们变成海盗。菩萨心肠——一种无限慈爱与悲悯——在我的内心滋长，我不再感到困苦。我不仅能包容那位被强暴的十一岁孩子的痛苦，也能包容那位海盗的痛苦。

当你写信称我为"尊敬的一行禅师"时，我将回答是的。当你呼唤那位被强暴的孩子的名字时，我也会回答是的。当你呼唤那位海盗的名字时，我也将说是的。根据我在哪里出生，在什么样的环境下长大，我可能是那位女孩，也可能是那个海盗。

我是乌干达或刚果的孩子，长得皮包骨，两条腿瘦如竹竿。我也是军火商人，将致命武器卖到刚果。刚果那些可怜的孩子并不需要炸弹，他们需要食物。但在美国，我们靠制造枪支弹药而生活。如果我们想要别人购买枪支弹药，那么我们就必须制造战争。如果你呼唤刚果孩子的名字，我会回答是的。当我能够明白自己就是所有这些人时，我的仇恨就消失了。我命中注定将以这样的方式而活，我可以帮助那些制造和挑起战争及灾难的人。

治愈战争之伤

没有什么事物能孤立存在，我们一起治愈和改变

我们给在美的越南老兵举办过许多次禅修营。他们非常善良，但并非一直都很容易相处，因为许多老兵仍然受伤痛困扰。一位先生告诉我，在越南的一次战争中，他一天之内失去了417名战友，而他则背负着这样的痛苦生活了十五年。

一位士兵告诉我，这次禅修营是他十五年来第一次在一群人中体会到安全感。十五年来，他无法轻松吞咽坚硬的食物，也不和他人讲话。但在修习坐禅和行禅的三四天后，他便开始开口与人交谈了。你必须付出诸多慈爱，才能帮助这样的人重新深入地触碰生活。在这次禅修营中，我们鼓励每个人都回归我们身边最积极的因素中来。

我们静默地吃早餐，我们在练习行禅，以爱与慈悲之心触碰地球时，我们会念念分明、平静地迈出每一步。我们正念呼吸，

深深感受新鲜空气；我们深观手中的一杯茶，以真实地触碰到茶、水、云和雨。我们一起坐，一起呼吸，一起行走，努力从越南的经历中汲取经验。

有许多种困苦都能阻止我们去触碰世界里不苦的一面。老兵的经历让他们变成蜡烛尖端的光，照亮战争的根源与和平的道路。我们可以从自己所遭受的苦难中汲取许多经验。没有什么事物能独立存在。我们都属于彼此，我们不能将现实切成碎片。我的幸福就是你的幸福，我的苦难就是你的苦难。我们一起治愈和改变。每一边都是"我们这边"，没有邪恶的一边，没有敌人。

修行就是渡船

深入地活在此时此刻，你就能治愈过去

我曾遇到一位越战老兵，他在战争期间杀害了五名无辜的越南儿童，因此他无法原谅自己。当时，他们部队遭遇埋伏，许多战友被杀害，只有他和少数几个人活了下来。他感到非常愤怒。为了报复，他来到战友们被杀害的村子并设置了陷阱。他用肉和其他东西做成三明治，在面包片里夹了爆炸物，将它们丢在村口附近。

随后，他躲在一旁观察。很快，几个孩子走了过来，他们发现了三明治，便拿起来吃。他看到孩子们开始哭喊，痛苦不已。他看到他们的父母绝望地跑了出来，他们想叫一辆救护车，但那是个十分偏远的地方，根本叫不到。那位士兵知道，即便有救护车来，也来不及救这些孩子。就这样，他看着孩子们在父母的臂弯里痛苦地死去。

自他回到美国后，就一直无法入睡。当他与孩子单独待在一个房间里，他会用最快的速度逃离，他没有向任何人说起这件事，除了他的母亲。而他母亲也只会说："我亲爱的儿子，战争就是这样。在战争中总会发生这样的事。"但这样的安慰于事无补，他仍然承受着痛苦，他始终无法原谅自己杀害了那五个孩子。

在我们为越南老兵举行的第一次禅修营上，他讲述了这个故事。那次禅修营非常艰难。许多老兵在自己心理医生的建议下前来修行，但他们却怀疑这样的禅修营是一次埋伏，是为了杀掉他们，尤其这样的禅修营还是一位越南僧人组织的。

一天，在行禅中，我看见一位老兵走在队伍后面，在大约二十米外跟着我们。当有人问他为何不与我们一起行走时，他解释说，如果这里有埋伏，如果他在后面，就可以有时间逃走。另一位老兵在宿舍里无法入睡，他在树林里搭了一个帐篷，可以让自己单独睡觉，他还在帐篷周围设了陷阱保护自己。许多老兵都没有办法交谈。

一天，我对那位用毒三明治杀害了五名儿童的老兵说："你的确杀害了五名儿童，但今天，你也的确可以拯救五名儿童。"

世界各地（包括美国）都有儿童因为暴力、贫穷和压迫而面临死亡。有些时候，只要一点点药品、食物或温暖的衣物就能拯救一个孩子。我问那位老兵，为何不用你的余生去救这样的孩子呢？你杀害了五个孩子，但现在，你有机会去拯救五十个孩子。在此时此刻，你就可以治愈过去。

正念修习就像一艘船，你可以通过正念修习，给自己一艘船。只要你持续练习，只要你待在船上，你就不会沉入或溺亡在痛苦的河水里。

这位老兵慢慢地实践着这些话，他将余生都用去帮助孩子们，并在这个过程中渐渐得到治愈。此时此刻亦包含过去，只要你能深入地活在此时此刻，你就能治愈过去。你不必等待任何事物。

第一次花开

学习、认识和改变消极的事

我在越南长大，我在越南出家，我在越南学佛修佛。在前往西方之前，我在越南教育了几届佛徒。但如今我要说，我是在西方认识到了自己的道路。

1961 年，我获得了亚洲基金会的奖学金，前往普林斯顿大学学习比较宗教，并在那里开始获得许多见悟以及修行的成果。于我而言，赴普林斯顿好似进了佛寺。那里当时还是一个男性大学，没有女学生，而我就住在长老会学院。那里的气氛非常平和健康，与我留在越南的紧张和压力截然不同。我有许多时间在校园小道上行禅。正是在普林斯顿，让我见到了生命中的第一场冬雪、第一次春和第一次秋。也是在那里，我第一次真正地品尝到了快乐地生活在此时此刻的那份平静。

正念是我修行的基本。正念意味着安住于此时此刻，并觉知

万事万物——在我们之内和之外的所有积极和消极的因素。我们学习滋养积极因素，学习认识、拥抱和改变消极因素。

我们可以快乐地安住于此时此刻。我们可以每天提醒自己，这样的修习并不是为了到达某地或获得某物。修习本身就是在寻找的快乐和平静，修习就是终点。

竹林

在漆黑的夜里，我知道你就在那里，因为我在那里

1964 年，我从美国回到越南，住到西贡的繁忙市中心。我在那里创办了高等佛教学院，发行了《海潮音》，还准备开办青年社会服务学校。只要可以，我就会到城外旧邑郡的竹林寺，享受那平静美妙的空气。

一天早晨，我在竹林的小屋里很早便醒来了——大约三点钟。当我将脚放到地上时，地面的冰冷让我一下子清醒了，我站在那里大约一个小时。当我望向漆黑的外面时，我听到了早晨的第一道钟声。尽管我无法看清每一个物体，但我知道，梅树和竹林就在那里。在漆黑的夜里，我知道你就在那里，因为我在那里。

你在那里为了我，我在这里为了你，这便是相即的教导。意识总是某物的意识，而认知总是同时包含主体与客体。

梅村的绽放

当你感觉一切都成了一团乱麻时，
眼睛、耳朵、鼻子、舌头、身体和思惟便是
你关闭心识的六扇窗户。
关闭一切，以阻止强风吹进来，让你受苦。

风中居所

即使你非常年轻，你也可以找到内心的岛屿

大约三十年前，我独自一人在我们静修处修行。我的静修处是芳云庵，在法国北部的奥德森林里。我喜欢在树林里静坐、行走。一个非常美丽的早晨，我决定一整天都待在树林里。于是，我带上一碗饭、一些芝麻和一瓶水，便出门了。我计划在外面待上一整天，但在下午三点左右，乌云就开始布满天空。那天早晨离开居所前，我将门和所有的窗户都敞开了，好让阳光和新鲜空气进去。但此时，开始刮起大风，我知道我必须回去收拾好静修处。

回去之后，我发现居所里一片狼藉。阵阵狂风将我桌上的文件吹得到处都是，周围变得又黑又暗。我做的第一件事便是把门和所有的窗户都关上，不让风再继续肆虐。然后，我在壁炉里生了火，等火慢慢烧起来后，我便开始收拾地上的一张张纸，将它们一起放在桌子上，并在上面放了一块小砖，随后便准备将居所里收拾得整洁有序。很快，火让一切变得温暖、快乐和惬意。我在火堆旁坐下，烤着双手，听着外面的风雨声。

总有些日子让你感觉不是你的日子，一切都不顺利，并且你越努力，情况就变得越加糟糕，每个人都会有那样的日子。而那就说明，是时候停下一切，回家去，关上所有的窗户，回归自己的内心。当你感觉一切都成了一团乱麻时，眼睛、耳朵、鼻子、舌头、身体和思惟便是你关闭心识的六扇窗户。关闭一切，以阻止强风吹进来，让你受苦。

关闭窗户，关闭门，生一堆火。通过练习正念呼吸，营造一个温暖、安逸、舒适的感觉。重新布置一切——你的感觉、你的认知、你的情绪——它们散落在各处，这是你内心的混乱。认识和拥抱每一种情绪，像我收集散落在居所各处的纸张一样收集它们；练习正念和专注，将内心的一切清理整洁。这些将会帮助你恢复平静和安宁。

如果我们仅依赖外部条件，那么我们就会迷失。我们需要一个可以一直依赖的庇护所、一座内心的岛屿。只要牢牢地安顿在内在岛屿上，我们就会非常安全。我们可以花时间重新发现、重新恢复自我，变得更加强壮，直到我们准备好再次出行。

即便你非常年轻，也可以找到自己内心的岛屿。一旦你苦不堪言，感觉没有一件事情顺心，不妨停下一切，径直前往那座岛屿。只要你有需要，不妨回归到内心的岛屿里。可以是五分钟、十分钟、十五分钟，也可以是半个小时。你将感觉自己变得更加强大，内心更加安逸。

享受你的睡袋

睡在这里，也不会阻止我们快乐

1969 年，在越南统一佛教会的要求下，我成为巴黎和谈上佛教和平代表团的一员。那是我流亡的第三年，我在法国寻求到了庇护。当时，和谈已在进行中，但渴望和平、希望结束战争的越南人民的声音却未被聆听。

巴黎佛教和平代表团总部在十八区一个小小的公寓里。许多人一起待在那里，导致公寓非常拥挤，连地板空间都不足。有时，真空比丘尼不得不要求去当地一家餐馆里借宿。

当时也很难找到足够的食物和衣物。我们不会去超市里买普通大米，而是去宠物店里买更便宜的坏米——通常是当作鸟食来卖的。"你们为什么买这么多米？你们家里有很多鸟吗？"我们回答："是的，总共有九只，每一只都非常大。"并用手比画着那些鸟有多大。

除了条件艰苦之外，我们的生活充满快乐。我找了一个地方教学，每月可获得一千法郎的薪水。代表团里的其他人也不得不找工作。真空比丘尼曾是西贡一所大学的教授，以教授数学、辅导年轻学生来补充收入。而我作为交换生去上了印刷课。我们有一台印刷机，用来印一些书给那些难民，帮助他们通过修习减轻心灵痛苦，帮助他们学习外语，以便能去别的国家安身。

　　十三年后，我们在法国西南部找了一块地，并创立了梅村禅修中心。我从未想过建造一个浮华美丽的寺院。无论我们获得什么钱，我们都会送到越南，救济饥饿者和洪水受灾者。如今，仍有许多人来到梅村后睡在睡袋里。到今天，真空比丘尼也仍然睡在一个睡袋里。而我则通常睡在一块薄薄的泡沫床垫上，下面是用五块砖架着的木板，每个角放一块砖，第五块放在中间。睡在木板上的睡袋里，并不会阻止我们变得快乐。

标致汽车

有时候，空虚消费带不来持续的快乐，而是痛苦

在 20 世纪 70 年代，来到法国没几年，我们一群人便买了一辆小车——一辆二手标致汽车。我们驾着它跑遍了欧洲，用它来运输，不仅运人，还运沙子、砖头、工具、书、食物和其他许多材料。我们开始在特鲁瓦附近一个旧农舍里创建芳云庵，用它满足一切需求，并保留了它许多年。当这辆车实在太破旧、无法再使用时，我们十分艰难地舍弃了它。我们非常喜欢这辆小小的标致，我们与它一起经历了太多。它遇到过故障、事故，经历过无数次修补。在我们不得不舍弃它的那个晚上，我和我的朋友们都十分悲伤。

我不知道今天的人们是否会与他们购买的东西建立如此深刻的关系，许多人都十分渴望拥有最新的事物，制造商和广告商也知道如今的商品寿命不长并非意外。

我们渴望的目标总是不断变化，而我们对消耗目标的渴望也总是时刻在变。我们总是追逐新鲜事物，我们也许会迷恋刚买的东西一小段时间，但很快就不把它当一回事。我们会感到厌烦，把它丢弃，然后再买其他东西。

当你在正念修行的路上成长时，你就会改造你的生活。你开始明白我们在空虚、无意义的消费中浪费了多少时间。深刻地反省，我们就会发现，那些空虚的消费并未给我们带来持续的快乐，而是痛苦。

莫奈特先生与雪松

储存足够美丽、健康和坚强的记忆，可以帮我们渡过艰难时刻

我们为梅村购买的第一块地便是一个古老的农场，大约有 52 英亩耕地和一些石屋——一个大谷仓、几个马厩和几个仓库。

我们种植了 1250 棵梅树——钱来自前往我们中心修行的孩子们的捐赠。许多孩子为了购买梅树，将零花钱都攒了起来。种植一棵梅树幼苗需要 15 法郎，我们种植了 1250 棵，因为这是佛陀最初的僧伽的人数。我们计划将梅子晒干做成梅干和梅酱——所有这些我们都可以卖掉，并将收益送给越南的饥饿儿童。这就是梅树的由来。那时，我们只有几位僧人来照顾一些越南难民。我们费了好大的精力修整这片残破的地，让它适合居住。我们需要进行大量体力劳动，也必须学习如何在这片与我们故土的气候截然不同的土地上耕作。

幸运的是，我们遇到一位真菩萨邻居——莫奈特先生。他所居住的房子便是农场原本的主楼，距离我们非常近。他帮了我们许多大

忙，他将工具借给我们，告诉我们该种植什么，什么时候种植，无论发生什么事，他总是很乐观积极。莫奈特先生个子高大、身强力壮。我们依赖他，也非常敬爱他。

一天，我听说他毫无征兆地因心脏病而死，这令我十分震惊。我们尽心为他准备葬礼，并把我们的精神支持与力量传递给他。一天晚上，我因失去这位朋友而感到痛苦不已，无法入眠。就在我行禅以缓解我因他的死亡而产生的悲伤时，莫奈特先生的身影出现在我的心识里。那必定是莫奈特先生，但又不是我曾熟知的莫奈特先生。那是小时候的莫奈特先生，他的脸上挂着佛陀般的微笑，快乐而安宁。那是莫奈特的美善在对我微笑，他仍然活在我的心中。

失去莫奈特先生这样的朋友实在令人悲痛。第二天，我还必须进行一场演说。我想睡觉，但却睡不着，于是便修习呼吸。那是一个冰冷的冬夜，我躺在床上，看着静修处院子里那些美丽的树。

数年前，我曾种下三棵美丽的雪松——喜马拉雅山上的一个品种。如今，这些树长得十分高大，我在行禅时，常常停下来，吸气、呼气，拥抱这些美丽的雪松。这些雪松也总是回应我的拥抱，这点我十分确定。所以，我躺在床上，吸气，呼气，变成这些雪松和我的呼吸。我感觉好了许多，但仍睡不着。

最后，我想起一个欢愉的越南小孩，她的小名叫"小竹"。她两岁时曾来到梅村，她特别可爱，每个人都想将她拥入怀抱，尤其是孩子们。他们几乎不让小竹下地行走！我想象着她的模样，修习着呼吸和微笑。不一会儿，我便酣然入眠。

我们每个人都需要保留那些足够美丽、健康、坚强的记忆和经历，以帮助我们度过困难时刻。有时，当我们内心的苦楚太大而无法真正触碰到生命的奇迹时，我们需要帮助。如果我们有一个强大的仓库，储藏着快乐的记忆和经历，那么我们便可以将它们带入我们的意识，帮助我们拥抱内心的痛苦。

你也许拥有一位非常亲密、能深刻理解你的朋友，那就与他在一起，无须任何言语。这已是一大宽慰。在困难时刻，你可以想起你的朋友，你们两人将可以一同呼吸。很快，你就会感觉好许多。

有了朋友的帮助，你可以恢复内心的平衡，但仅是如此还不够。你必须加强你的内在力量，以便再次独处时能变得坚强。这也就是为何你与你朋友同坐或同行时，必须修习正念，以便能深刻地体会朋友的存在。如果你只是与朋友在一起时才感到内心的痛苦得以舒缓，那么当你回到家里，你对朋友的记忆将不足以让你时刻保持内心的平衡。我们生活中每一个念念分明的时刻、深刻积极的经历都像一颗健康的种子种在我们心里，我们必须时刻修习正念，以便我们能在心中种植治愈的、积极的种子。然后，当我们需要它们时，它们便能照料我们。

雨伞松

我对这个地方一见钟情

我们在法国北部的芳云庵为大家举行了我们的第一个夏季禅修营。不过，这个中心实在太小，无法让每个人都有足够的空间。所以我们又去往南部寻找土地，建造能容纳更多人的禅修中心。

当我们第一次看见上村时，我便立即喜欢上它——因为它实在美丽。我看到那些道路，觉得我们可以用来行禅，于是我对这个地方一见钟情。不过，这块地的主人戴森先生并不想卖掉它。他十分珍爱每一寸土地，他已经在那里做了很久的农场主人了。

我们继续寻找土地，几天后，在1982年9月28日，我们找到了下村并买下了它。但我们还是很想要上村，所以我们继续观察着那里发生的一切。那年，一场雹暴摧毁了戴森先生所有的葡萄园。他十分愤怒，以非常高的价格在市场上出售那块地——他并不真正打算卖掉它。虽然价格很高，但我们还是买下了那块地，因为我们实在太喜欢那里。

绍与妻子和两个孩子一起乘船，从越南而来。他们是最早帮助我们建立梅村的人。从 1982 年冬到 1983 年夏，我们忙得不可开交。1983 年年初，我们开始在上村种植一些树木。最开始的树木是六棵雨伞松树。上村的大地上满是岩石，所以我们需要当地农民帮忙，用他们的机器为这些树挖坑。我们在每个坑底都放了一点牛粪。那天下着雨，所有人都淋得透湿。后来，我生病了，在床上躺了三个星期，大家都很担心。幸运的是，没过多久，我便能够起身，还喝了一些米粥。

那个时候，我们将自己的新家称作"柿子村"。在 20 世纪 50 年代，我们在越南中央高地的大老森林里创立了贝叶共修团，但青年社会服务学校需要一个距离城市更近的修行中心。我在写《正念的奇迹》这本书时，就提出了建立柿子村这样一个禅修中心的想法。八年之后，我们的梦想成真了。我们本想种植柿子树，但我们意识到这不现实，所以我们就种了梅子树。我们天真地以为只要种下许多梅子树，就能获得足够的收益维持生计。但我们并非园艺家，所以我们没有做得很好。我们欣赏梅子花比收获梅子要多。"梅村"这个名字很好听，所以我们便将"柿子村"更名为"梅村"。

装订图书

为了享受工作，你会如何做呢？

在梅村建立之初，我很喜欢装订图书。装订的方法很简单，利用一把牙刷、一个小轮子和一个四五磅的防火砖块，我一天就能装订两本书。装订之前，我会将所有页码收集好，并按照顺序将它们放在几块长长的木板上。然后我就在一排排纸张里走上走下，当我全部走完一遍之后，我就知道自己是否按照正确顺序排好页码了。当我走动的时候，我知道我没有其它地方要去，于是我就会慢慢地走，一页一页收集，我觉知着每一个动作，缓慢地呼吸，觉知每一个呼吸。我在收集页码、黏合页码以及给书本放置封面时，心里都十分安宁。

我知道我无法像专业装订师或装订机器那样，一天装订很多书，但我也知道，我热爱着我的工作。如果你想要赚取很多钱，你就必须努力、快速地工作；但如果你生活得很简单，那么你就可以慢慢地、念念分明地工作。

为了享受工作，你会如何做呢？

苹果汁和松球

当我们感觉恢复了精神时，周围的一切也将变得清晰

　　一天，四个孩子在我的静修处玩耍。其中一个是清水，还不到四岁半。另外三人是她的同学。清水与我们同住了几个月，她的父亲正在巴黎找工作。四个孩子跑到屋后面的小山坡上玩耍，玩了差不多一个小时。他们回来后，想要点东西喝。我拿出最后一瓶自酿的苹果汁，给他们一人倒了满满一杯，最后倒给清水。因为清水的果汁是瓶底的，所以里面就有些果肉。她发现这些小颗粒后，便撅起了嘴，不肯喝。四个孩子就这样回到小山坡上继续玩耍。而清水什么也没有喝。

　　半小时后，我在房间里静坐时，听到清水的呼唤。她想喝一杯冰水，但她踮着脚也够不着龙头。我提醒她，桌上还有一杯果汁，并叫她先喝果汁。清水转头，发现果肉已经沉了下去，果汁看起来又清澈又美味。她走到桌边，端起了杯子。喝到一半时，她将杯子放下，问道："这是另外一杯果汁吗，和尚爷爷？"越南

孩子见到年长的和尚时，常常叫他们"和尚爷爷"。

"不，"我回答，"就是先前那一杯。它静静地'坐'了一会儿，现在又清澈又美味了。"清水又看了看杯子："真的很好喝。它像你一样禅修了吗，和尚爷爷？"我笑了笑，拍了拍她的头："不如说我在静坐时，是在模仿这杯苹果汁，这样说更贴近真相。"

清水丝毫没有怀疑，她认为苹果汁像她的和尚爷爷那样"静坐"了一会儿，让自己变得清澈。而我认为，清水这个不到四岁半的孩子，已经理解了禅修的意义，无须任何解释。苹果汁只要稍微放一会儿，就会变得清澈。同样的，如果我们也静坐一会儿，也能变得头脑清晰。这种清晰让我们恢复精神，并给予我们力量和平静。当我们感觉恢复了精神时，周围的一切也将变得清新。

那晚，孩子们睡着后，一位客人来访。我倒满最后一杯苹果汁，放在禅堂中央的桌子上，并邀请这位朋友静静地坐下——就像那杯苹果汁那样。

另外一次，正值学校放假，清水和我一边散步，一边捡松球。她告诉我，大地生出了松球，是为了让我们在冬天生火取暖。我告诉她，松球的降生是为了成为小松树，而不是用来点火。清水听到我的解释后，并未表现出失望，相反，她的眼睛变得更加明亮。

写作的快乐

写作的那几个小时，就像是与佛陀坐在一起喝茶

在梅村的开头几年，我经常待在上村的一个房间里。房间在石屋的第一层，当时楼上是一家书店。

那个时候，我还在写《故道白云》。我们还没有中央暖气，只有书店楼上一间小小的屋子里有一个柴炉。当时天气非常寒冷。我用右手写字，左手伸出来靠近炉子。我很喜欢写作。时不时地，我会站起来，给自己泡一杯茶。我每天用来写作的那几个小时，就像是与佛陀坐在一起喝杯茶一样。我希望读者在阅读那本书时能够收获许多快乐，因为我在写作的时候获得了太多快乐。

写作《故道白云》并非苦差，反而是一件极快乐的事。在探索时期，有些部分比其他部分要难写许多。其中一个难写的部分就是关于佛陀第一次给迦叶三兄弟说法并让他们成为自己的弟子。一些人说佛陀肯定使用了神通使他们信服，但我想展示的是，他

是用自己伟大的慈悲与理解做到的。佛陀的慈悲与理解无穷无边，他为何要使用神通呢？我坚信我能够那样写完那一章。那对我来说是最难写的一章。

第二难写的是佛陀觉悟后回去探望自己家人的章节。虽然当时他已是觉者，但他仍是他父母的儿子，是他兄弟的兄弟。我希望自己在描写时能保留他的人性特征。他与家人见面时握起父亲的手的方式，他与妹妹、妻子和儿子交流的方式，都是非常自然的。我只会按照这样的方式去写，因为我感觉先辈们都支持着我。写作《故道白云》的目的是为了帮助读者重新发现佛陀亦是人。我努力扫去人们在提及佛陀时常常带出的神秘光环。如果我们不能明白佛陀亦是人，那么我们就很难接近和理解佛陀。

莲花茶

花费时间与他人真诚相处，让我们彼此理解并快乐

许多年前，在越南，人们常常乘着小船划到莲池中央，放一些茶叶到盛开的莲花里。莲花会在夜间合拢，用香气熏染茶叶。然后，等到次日清晨宁静时刻，当露珠还在大片大片的荷叶上闪烁时，人们就会回到船上，与朋友们一同收集茶叶。他们会将炮制香茶所需的一切都带上船：开水、茶杯和茶壶。然后，在破晓迷人的亮光照耀下，在莲池中央备茶、饮茶，享受清晨。如今，我们也许还有莲池，但似乎已经没有时间停下来好好看看它，更别说像那样泡茶饮茶了。

在梅村，我们经常进行茶禅。茶禅就是在闲暇时，花上两三个小时喝一杯茶。我们会先花时间准备好一切，好让我们能享受到平静安宁的气氛。我们将坐垫和蒲团围成一个圈，在中间摆上一瓶美丽的花和一些蜡烛，然后再一起花上大约一个半小时，享

受一杯茶、一块饼干和一群人的陪伴。我们什么也不做、哪里也不去，在那样平静、亲密和放松的气氛里，分享诗歌、歌曲和故事，分享内心深处的任何事物。通常，喝一杯茶只需几分钟，但花费如此多的时间真诚地与他人相处，让我们彼此都增加了理解和快乐。

兄妹

你要有转化自己苦恼的见悟

有个男孩会在每个夏天和他的妹妹来到梅村。每一次他摔倒受伤，他的父亲不但没有帮助他，反而训斥他。男孩发誓，等他长大了，绝不像自己的父亲那样。他发誓，如果自己有孩子，如果他们中有人摔倒受伤了，他绝不会训斥他们，而是去帮助他们。这是他坚定的决心。

后来，又一个夏天，他们来到梅村，男孩的妹妹与另一个女孩在吊床上玩耍，而吊床却坏了，妹妹掉了下来，膝盖流起了血。男孩发现自己变得非常愤怒，他只想大吼一句："你怎么这么蠢？"

由于他曾经修习觉知自己的感受，而不立即将感受宣泄出来，因此，他能够停下来，没有对妹妹大吼。他转过身，开始修习行禅，好让自己平静下来。行走的时候，他意识到，他所感受到的愤怒正是由他父亲传递给他的。如果他没有去修习正念呼吸、平静地行走，那么他很可能会变得和他父亲一样。在梵语中，这就叫轮回，让消极或破坏性的行为反复持续。男孩突然很想回家，邀请父亲与他一起静坐。当这个美好的念头在他心中升起时，他对于父亲的所有愤怒和不满都烟消云散。

那个夏天，那个男孩十二岁。他只有十二岁。对于任何年龄的人来说——尤其是对于一个十二岁的孩子来说——能有如此见悟去转化自己的苦恼确是莫大的成就。既然他能做到这一点，我们当然也能。

菩提树

像忠于我们的家人、朋友那样去照料一棵树

在梅村，有一株美丽的菩提树。每个夏天，它都为数百名访客提供荫凉和快乐。一次，在一场大暴雨中，菩提树的许多树枝断裂，大树几乎死去。我看到暴雨后的菩提树时，忍不住想哭。我想要触摸树干，但却又如此令人伤痛，因为我能感受到这株大树在承受痛苦。所以，我决心想办法帮助它。幸运的是，我有一位朋友就是树医生。他非常悉心地照料起了菩提树，如今，它已变得比以往更加高大、更加美丽。如果没有那棵树，我们的家就不会是这样子。只要一有机会，我就会触碰它的树皮，深切地去感受它。

树木好似我们的兄长和姐姐。我们必须照料它们，尊重它们，像忠于你最亲爱的朋友和家人那样忠于它们。

学习拥抱

真正的爱，要求深刻地理解

我第一次学习拥抱，是 1966 年在亚特兰大。一位女诗人载我到机场，临别时，她问我："可不可以拥抱一位佛僧呢？"在我的国家，我们不常在公共场合这样表达自己，但我想我是一位禅师，拥抱一下她应该没有问题。于是我说："为什么不呢？"然后她拥抱了我，但我表现得十分僵硬。上飞机后，我想，如果要与西方朋友共事，就要学习西方文化。于是，我开创了拥抱禅。

拥抱禅结合了东西文化，就像茶包一样。茶来自亚洲，我们在亚洲慢悠悠地收茶、泡茶。当茶来到西方后，人们制成茶包，冲泡起来又快又便捷。

修习中，你必须真实地拥抱你正在拥抱的人，必须非常真实地将那个人拥入臂弯。你不能只是流于表面，只是在那个人背上拍两三下，假装自己在那。相反，你必须身心统一。在拥抱的时候觉知呼吸，真正地在此时此地，用你的身心整体去拥抱。"吸气，我知道亲爱的人儿在我的臂弯里存在。呼气，他于我而言如此珍贵。"当你抱着他，呼吸三次，在你臂弯的这个人就会变得真实，与此同时，你也将变得真实。当你深爱某个人时，你想让他快乐。如果他不快乐，那么你也没法快乐。快乐不是一个人的事，真正的爱要求深刻地理解。实际上，"爱"就是"理解"的别称。如果你不理解，那么你就不能正确地爱。没有理解，你的爱只会让他人痛苦。

钉子

购物时的正念和慈悲心

记得有一天，我与一群孩子一起去超市。我们准备做一张桌子，于是决定出去买几颗钉子。去超市前，我告诉他们这是一次禅修之旅。孩子们非常开心参与这次特别的出行。我们达成一致，除了我们需要的几颗钉子外，不买别的东西。

我领着孩子们在超市的每个走道里慢慢地、正念地来回行走，慢慢地看望存放的所有货物。我们的目的不是买更多东西，而是深入地观察。我们时不时地停下来，我会指着架子上的某件物品，解释它们包含什么，制作时添加了什么，使用它们之后会有什么效果。

我们借此机会向孩子们解释为什么我们不该购买某些产品，如此他们便知道该如何照顾自己，照顾彼此，照顾地球。快乐不是个人的事。在超市里，有不少物品是童工——那些没有机会上学的孩子们制作的；还有些物品在制作时毒害很大。我们必须学习如何以这种方式购物，让心中保持慈悲。修习正念消费，我们就可以治愈自己，治愈社会，治愈地球。

那天，我和孩子们在超市里花了一个半小时，而我们买回的东西只有一把钉子。

柑橘禅

当你吃柑橘时，这就是生命里最重要的事

许多年前，我遇到一位叫作吉姆的年轻美国人，他请我教他修习正念。有一次和他在一起时，我给了他一个柑橘。吉姆收下了柑橘，但继续讲着许多自己参与的项目——他投身和平、社会公正等事业。他一边吃，一边思考和交谈。他给柑橘剥皮，将橘子放入口中快速地咀嚼和吞咽时，我也与他在一起。

最后，我对他说："吉姆，别说了！"他看着我，我说，"好好吃橘子吧。"他理解了。于是他不再讲话，而是开始慢慢地、正念地吃了起来。他认真地将剩下的橘子剥开，闻着它们的芳香，一次将一瓣送入嘴里，感受着橘汁包裹着舌头的感觉。这样品尝柑橘需要好几分钟，但他知道他不必匆匆忙忙，他有足够的时间慢慢享用柑橘。这样吃着柑橘，他会发现柑橘变得真实，吃柑橘的人也变得真实，在这一刻，生命也变得真实。吃柑橘的目的是什么？只是为了吃柑橘而已。当你吃柑橘时，"吃柑橘"就是你生命里最重要的事情。

　　下一次，当你在工作或上学之余吃柑橘这样的点心时，请你将它放在手掌心，仔仔细细地看看它，让这个柑橘变得真实。你不必花费太多时间，只需两三秒钟即可。看看它，你就会看到美丽的大树、鲜花、阳光、雨露，你会看到一个小小的果实成形。你会看到阳光和雨露的延续，看到小果实变成你手中这颗完整的柑橘。你会看到它的颜色从绿色变为橙色，你会看到柑橘变得成熟、变得甘甜。如此看着一个柑橘，你就会看到世间万物都在其中——阳光，雨露，云朵，大树，枝叶，一切。剥开柑橘，闻闻它，品尝它，你就会变得非常快乐。

耙树叶

得到清洁的道路和安稳自在

秋天，我喜欢在梅村的静修处里耙树叶，我差不多每三天就会用耙子耙一次。我知道耙树叶也是清扫道路的一部分，方便我行走，或者，可以的话，进行跑步禅。身体好的时候，我喜欢每天至少慢跑两次。我会练习正念慢跑和正念耙树叶。

但耙树叶又不光是为了清扫道路，方便慢跑或行走，耙树叶只是为了享受耙树叶而已。所以我在耙树叶的整个过程中，都以能让自己感到高兴、平静和踏实的方式握着耙子。我要确保每一个动作都是觉悟、快乐、平静的动作。所以我不匆忙，因为我知道，耙树叶这个动作与得到一个清洁的道路一样美好。如此就足够让我感到满足。我每挥动一下都应该带给我快乐、安稳和自由。耙树叶时，我会身心如一，全心全意地耙树叶。如此，耙树叶就不再是为了我们所谓的"得到清洁的道路"的一种方式，耙树叶

就是耙树叶。

　　要获得修习耙树叶的"果实"无须太久。如果你能够全身心地投入到耙树叶的动作中，以这样的方式挥动一次，你就会立即收获。每一次挥动都是艺术。

呼吸和割草

照顾好自己的身体，就像音乐家爱惜自己的乐器

你是否用镰刀割过草？许多年前，我将一把镰刀带回家，准备割静修处附近的草。我花了一个星期才发现了最好的使用方式。站立的方式，手握镰刀的方式，以及割草的角度都很重要。我发现，如果我将手臂的动作与我的呼吸节奏相协调，不慌不忙地保持我的动作，那么我就能工作得更久一点。而当我不这样去协调时，不到十分钟就会感到疲惫。

一天，一位在意大利农村长大的法国人前来拜访我的邻居，我请他告诉我如何使用镰刀。他使用起来比我熟练得多，但他大部分时候都使用同样的姿势和动作。让我惊奇的是，他也将自己的动作与自己的呼吸相协调着。从那以后，无论我何时看见邻居用镰刀割草，我都知道他在修习正念。

如今，我在使用任何工具时——无论是锄头、铲子还是镰

刀——都会协调我的呼吸和我的动作。在做搬运岩石或推手推车这种费力的事情时，很难同时完全觉观呼吸。但大部分园艺工作——松土、挖沟、播种、施肥、浇水——都能以轻松而正念的方式去做。

我避免让自己筋疲力尽，或喘不上气。我认为，最好不要虐待自己的身体。我必须照顾好它，尊敬它，如同音乐家照顾着自己的乐器那样。"非暴力"地使用自己的身体不仅是修习正念的一种方式，它本身就是一种修习。你的身体不仅是一座佛寺，也是一位圣者。

数学老师

正念带来见悟，和彻底的改变

有位来自加拿大的数学老师，曾来到梅村参加过几次禅修营。虽然他是一名优秀的数学老师，但多年来，他在课堂上却一直不顺利，因为他非常容易愤怒。失落时，他会对学生大吼，甚至向他们扔粉笔。有时，愤怒的他会在批改的作业本上写下"愚蠢！"之类的评语。

修习正念一段时间后，他发生了巨大的改变。他会慢慢地以行禅的方式进入教室。他会非常温柔地走到黑板前，擦干净黑板。他的学生们惊讶地问他："老师，你怎么了？你生病了吗？"他微笑着回答："不，我没有生病，我只是努力正念地做事。"

他们没有钟，所以他提议每隔十五分钟，请一位同学拍拍手掌，然后全班停下来修习呼吸、放松和微笑。他的学生喜欢这样与他修习，并越来越爱戴他。他不再批写"愚蠢！"这样的评语，而是写上："你尚未理解，这是我的错。"如今，他已是一位正念教学的老师，也是一位教授正念修习的老师。

很快，他的班级成为学校里最受欢迎、最快乐的班级。学校里所有的班级也都采用了他的教学方式。他到退休年龄时，许多人都很感激他，并要求他留下来再教几年。

有了正念的行为，慢慢地，我们就能改变自己，改变我们的家庭、我们的学校、我们的工作场所、我们的邻居，改变市政厅、国家政府，改变整个地球。如果你是一名老师、一名家长、一名记者、一名治疗师或一名作家，请用你的才赋来推动这种改变吧。我们应当共同禅修，因为深刻地观察我们的环境已不再是个人之事。我们必须凝聚个人的见悟，创造出共同的智慧。

花园里的棕榈树

不要错过任何能够安静坐下来的机会

一次，我与一群弟子访问中国时，一所寺院的方丈带我们到他们寺院里的花园。我指着一处灌木丛，说道："今天的人们看到这些花草树木时，一定以为自己在梦境里。"无论我在何时行走——尤其当我在树林里行走时——我都会修习去触碰这些树木，感受它们真实存在，而不是梦境。而我成功做到了！一天晚上，我做了一个梦，梦见我在棕榈树间行禅，小小棕榈树如此新鲜、温柔，如此青翠。那些树木看起来如此真实。在梦境中，我伸出双手，正念地去触碰小棕榈树，感谢它们如此精致美妙。只要你能好好地修习正念，那么即便在梦境中，我们也能念念分明，能触碰到生命的奇迹。我醒来后，告诉自己，一回到法国，我就要在花园里种一株棕榈树。

回家之后，我到了一个苗圃，找了一株非常漂亮的小棕榈树，并邀请她与我一起回家，住进我的花园。可以说，这株棕榈树不仅来自那个苗圃，更来自我的梦境。我将它种在我透过窗户就能看到的地方，到了春天，它就会开出美丽的鲜花。无论何时，我从写作或编辑中闲下来休息时，都会望向窗外，看看它。它是我僧伽的一部分，它提醒我要快乐，要享受日常生活的每一个时刻。

每一座村庄，每一个邻地，每一个社区都应该有一个小小的公园——一个美丽、安宁、静谧的地方——让家家户户前去坐坐，让彼此都能平静安宁下来。在那样的公园里，你可以种植你喜欢的、你想照料的植物，就像我喜欢、我想照料我的小棕榈树那样。你与街坊邻里一起，便能照料好整个公园，并与树木为友。你们可以布置一条美丽的行禅道路，大家可以在那里坐下，就这样坐下来，什么也不说，什么也不做。如果你知道如何安静地坐着，那么你将快乐无比。

不要错过任何可以坐下的机会，不要为任何事情而烦忧。放下你的负担、你的忧虑和你的项目。坐下来，感受你的存在。与你的儿子、你的女儿、你的伴侣、你的朋友一起坐坐。那样就足够让人快乐。

我恋爱了

如果你的爱依旧狭小，你必须拓宽自己的内心

冬天的每个早晨，我醒来后，便会穿上几件衣裳出去，到上村附近散步。通常天色还比较昏暗，我会慢慢地走，慢慢接触我身边的大自然——天空、月亮和星星。一次，我散步后回到小屋里，写下这样一句话："我与大地母亲恋爱了。"我像坠入爱河的年轻小伙一样兴奋。我的心兴奋得扑通扑通跳。这是真的——我只要一想到出去，去大地上走走，去享受自然，享受她的美好和奇迹，我的心就快乐无比。大地赐予我太多。我们将心托付于大地，而她也将自己所有的一切托付于我们。我如此深爱着她，这样的爱因没有负心背叛而显得美妙无比。

地球母亲是真实的。她是你可以触碰、可以品尝、可以闻、可以听、可以看的真实现实。她赋予我们生命。而当我们死去时，也会回到她的怀抱，她将给予我们一次又一次的生命。有些人失

去了希望，他们厌烦于生活在地球上，他们祈祷在别处、在没有痛苦的天堂重生。但他们甚至并不能确定这样的地方是否真的存在。天文学家利用强大的望远镜观察了许多遥远的星系，但他们仍未找到如地球这般美丽的星球。地球母亲如此美丽，她时刻都准备拥抱你，欢迎你回家，你还想去什么地方呢？

我深知，我的家、我的国家就是整个地球。我不将自己的爱局限于越南这个亚洲的一小块土地上。我经历了太多转化和愈合，多亏了这样的洞见。如果你的爱仍然太狭小，那么你必须扩大自己的内心。你的爱必须能够拥抱整个地球。

只有当我们爱上自己的星球时，才会出现真正的改变。只有爱能够指示我们如何与自然、与他人和谐相处，如何免于经受气候变化所带来的灾难影响。当我们认识到地球的美好和才赋之后，我们就会与她建立联系，爱自然萌生。我们都希望相互关联。这也正是爱的意义：合而为一。当你爱上某个人时，你希望像照顾自己那样照顾好他们。当我们这样爱上地球时，便是产生了一种报答之爱。我们将会为了地球做任何事，而地球也会为了我们做任何事。

老树开新花

每天醒来，都会有新的见悟

从生物上说，我每天都会变得越来越老。但从某种意义上说，我却越来越年轻。这很奇怪。我每天醒来都会有新的见悟，就好像一棵老树总是在开新花一样，我的爱持续生长。

在越南，有一种梅树会开出黄色的花，那种树能存活很长一段时间。有时，它的树干会变得扭曲。在农历新年时，它会长出许多可爱的花，不仅长在细嫩的树枝上，也长在树干底部。我感觉自己就像那棵树。早晨，当我醒来时，内心深处就会涌出新的见悟。这一切都是自然而生，我完全不必费力修行。就好像你种下一粒种子，然后给它浇水，它便会生长。

如果你在四月来到我法国的家，你将看不到任何太阳花。但农民们早已播下太阳花的种子，他们在土壤里耕种、施肥，一切

都已准备就绪。到了六月初，花茎便会长到一两英尺（约 0.6 米）高，不到一个月，太阳花就会在各处盛放。我们的修行就是在心灵土壤里播种美好的种子，并坚信它们终将在属于自己的时间里成熟和绽放。如果我们看得足够深刻，在四月里也会看到太阳花。

躲猫猫

不要为尚未到来和已经失去之事悲伤

禅宗祖师玄光很喜欢菊花。在 13 世纪和 14 世纪时，他曾是越南竹林宗最伟大的三位导师之一。他住在越南北部的昆山寺，并在寺院附近所有的花园里都种上了菊花。

当我们喜爱一件事物时，我们会迷恋它的外形；而当我们知道它终将改变和死去时，我们就会痛苦不已。一朵花就足以证明这一切：它会发芽，会开花，会与我们共同存在几周，随后便开始变化，它的花瓣渐渐开始凋零。有时，整株花会一起凋零、枯萎。我们爱上一株菊花，就必须看到诞生、萌芽、改变和死亡之外的菊花。当它出现时，我们便会微笑，会享受它。但当它躲藏起来时，我们也不会哭泣或感到悲伤。我们会说："明年，我还将看到你。"

在我法国的静修处里，有一片日本产的山茶树丛，这片树丛常在春天开花。但有一个冬天，气候非常温暖，这些花蕾早早便出现了。但到了晚上，一阵寒潮袭来，给它打上了霜。第二天，我行禅时，发现所有树丛里的花蕾全都死了。当我发现这些的时候，我想："看来今年我们不会有足够的花来装饰佛殿了。"

几个星期后，天气又变得暖和起来。我走在花园里，看见那些山茶树又冒出了新花蕾。我问这些山茶花："你们是在霜冻里死去的那些花，还是其他的花？"花儿们回答："我们不是那些花，我们是不同的花。当条件充足的时候，我们就会成熟，当条件不足的时候，我们就躲起来。就这么简单。"

这是佛陀的教诲。当条件充分的时候，事物就会显现；当条件不再充足时，事物就会消失，等到时机合适的时候，它们将再次显现。

我的母亲在生我之前，曾怀过另一个孩子。但她流产了，那个孩子并未降生。小时候，我常常问这样的问题：那是我哥哥，还是我？那个时候，是谁准备显现？如果一个婴孩消失了，那么就是说条件尚不充足，无法让他显现，于是这个孩子便决定先退出，等待更好的条件。"亲爱的，我最好先退下，我很快就会回来的。"我们必须尊重他或她的意愿。如果你能用这样的眼光看待世界，那么你将承受更少的痛苦。我的母亲失去的是我的哥哥吗？又或者，当时是我准备出生，但我发现"时候未到"，于是我退出了。

天下为家

我们的身体很孤独，它紧张，它痛苦。
只有当我们的身心在一起时，
我们才真正地活着。

相互问候

似曾相识的相遇美好而安宁

许多年前，我到访台湾时，与几个朋友走在一条尘土飞扬的道路上。一位母亲和她的儿子在马路对面，手牵着手，向着我们走来。当我们的目光交汇时，我双手合掌问候了那个小男孩，感谢他心中的佛。男孩的母亲仍然拉着他的手，他朝我笑了笑，将另一只手放在胸前，并鞠躬，感谢我心中的佛。他们走过之后，小男孩又回头看了看我们。他的眼睛睁得大大的，所有人都以为他认识我，我也感觉我们似曾相识。

我偶尔会想起这次美好的相遇，它诠释了我们都可以发现彼此的美好与安宁。我们彼此并非陌生人，我们因佛而结缘，我们所有人都很渴望成为觉者。如果我们让它出现，它便会为我们和其他许多人带来巨大的快乐。

钟

触碰此刻的安宁，给我们带来治愈、转化和奇迹

在越南，每座寺院里都有一座大钟，就像欧洲的每个教堂一样。每天清晨，所有村民听到寺院的钟声响起后，便开始一天的劳作。在梅村——我在法国所居住的那个社区里，我们整天都能听到钟声。每当我们听到钟声，无论是我们自己的钟还是附近村子里教堂的钟，我们都会回归自我，享受自己的呼吸。我们吸气时，会轻轻地说："静听，静听。"然后，我们呼气时说："这美妙的声音将我带回了我真正的家。"

我们真正的家便在此时此刻。活在此时此刻即是一种奇迹。奇迹不是在水中行走，奇迹就是此时此刻在绿色地球上行走，是感谢此时此刻所拥有的安宁与美丽。安宁伴随我们左右——在世界之中，在自然之中，也在我们内心深处，在我们的身心里。一旦学会了触碰这样的安宁，我们就将得到治愈、转化。这不是信

仰的问题，而是修习的问题。我们只需想办法将我们的身心带回此时此刻，就能触碰到我们内心及我们身边新鲜、治愈和奇妙的一切。

在世界各地，我们有许多僧尼都在电脑上安装了正念之钟的程序。每隔十五分钟，钟声就会响起，他们就会停止工作或思考，回到自己的呼吸里，回到身体的家中。他们感受着自己的存在，真实地活着。他们享受着至少三次正念呼吸，微微笑，然后继续工作。

在日常生活中，我们必须提醒自己回到身体里，并照顾我们的身体。许多人对待自己的身体不够友好。我们让身体过度劳累，我们忽视身体。我们在电脑前耗上两个小时后，可能完全忘了自己还拥有一个身体。我们的身体很孤独，它紧张，它痛苦。只有当我们的身心在一起时，我们才真正地活着。所以，当我们听到钟声时，便是提醒自己回到身体里，去认识身体的存在，去照顾我们的身体。我们享受着呼吸，将我们的心带回身体里，突然，我们就会感到自己真真正正地存在于此时此地。我们将释放身体里的紧张，然后微笑。而这，便是和谐之举，是爱之举。

我们的身体便是生命的一种奇迹，如同我们身边的一切——绵绵细雨、新鲜空气、美丽鲜花——都是一种生命奇迹。我们所有人都是人类花园里的一朵鲜花。我们必须照顾好自己的身体，好让我们有一个愉快的"家"可以回归。

几年前，我在纽约城里打出租车，我敢肯定，那个司机非常不开心。他的身上丝毫看不到平静与快乐的影子。他在工作时，无法真正地活着。而这一切，又反映在了他驾驶的方式里。许多人亦是如此。我们匆匆忙忙，但我们却心不在焉，心神不宁。我们的身体在这里，但心却在别处——在过去，或在未来，被愤怒、沮丧、希望或梦想所占据。我们并没有真正地活着，我们并没有完全地存在，我们就像幽灵一样。如果我们可爱的孩子出现在我们面前，并给予我们一个微笑，我们能否接受这美妙的礼物呢？或者，我们是否会错过这个与生命和彼此相遇的珍贵机会？这将多么遗憾。

古欧洲之魂

聆听，给我们带来平静、安稳和自由

在梅村上村的中午，我们总是会听见附近村庄教堂里的钟声。这个时候，我们通常正沿着森林小道行禅，我总是停下来，与大家一起听听响彻峡谷的钟声。

钟总是钟，无论是天主教的、新教的、正教的还是佛教的，它始终是一顶钟。聆听钟声便是一个非常深刻、非常令人愉悦的修习，每当我们修习聆听时，总能给我们带来平静、安稳和自由。

古时候，在欧洲，人们每次听到教堂的钟声响起时，都会停下来祈祷。我希望在欧洲和美洲大陆上，未来的人们也能保留这些钟，无论何时，当钟声响起时，每个人都会停下来，聆听，微笑。

第一次被教堂的钟深深触动是我到访老城布拉格时。那是1992 年的春天，我们到访了莫斯科和彼得格勒。在去往东欧其他国家之前，我们在俄罗斯带领许多禅修营和正念日，我们也在布拉格城举办了一次禅修营。在许多天的辛勤工作后，我们终于可以享受一天休假。我们游览了这座伟大的城市。我与几个朋友、僧尼一起慢悠悠地行走着。我们来到一个狭小的、非常漂亮的峡谷里，在一座可爱的小教堂前看着一些明信片。

这时，教堂的钟声忽然响起。不知为什么，但就在钟声响起的那一刻，我被深深触动。此前，我曾在法国、瑞士和许多国家都听过教堂的钟声，但却从未听过这样的声音。这钟声让我感觉自己仿佛听到了古代欧洲的灵魂。我在欧洲生活了很长一段时间，我见过许多事物。但在那一刻，教堂的钟声将我与欧洲之魂深深关联在一起。

在这座布拉格教堂钟声的背景里，我听到了心识深处一座佛寺的钟声。感觉像是一种文明与另一种文明相遇。当你深入其中一种文明时，便也有机会深入另一种文明。因此，根植于基督教或犹太教的人，应当保持自己的根基，越是深扎于自己的传统，就越能理解佛教。于我而言，便是如此。我接触基督教和犹太教越多，便越能理解佛教。

任何美好的事物都需要时间才能成熟。当足够的条件汇聚到一起时，长潜于我们内心的事物便会涌现。我第一次来到欧洲时，一心致力于结束在越南的杀戮。我走南访北，于许多人前呼吁，也举行了许多新闻发布会。我太过繁忙，以至于没有足够的时间与欧洲的灵魂真正地相遇。在第二次世界大战中，布拉格没有被毁，它仍然是那座完整美丽的城市。也许正是因为如此，所以那座教堂的钟声才会如此触动我吧。

当你遵照某种精神传统而修行时，也可以对别的传统更加了解。就好像一棵树的根茎，树木被转移后，树根仍能从新的土壤、新的环境中吸收营养。在布拉格，我们十分安静地站在那里，聆听着钟声，像是一种文明与另一种文明的相遇。

当你听到一道钟声时，也许一开始不会有任何感受。也许你会认为那道钟声于你而言毫无意义，但任何钟声都可以是正念之钟，任何钟声都是一次邀请。

一个集市梦

有时候，梦境告诉我们一些必须聆听的事

有个秋天，我在英国教学时，做了一个梦，并一直记得它。梦里我和我的兄弟来到一个露天市场，一个男人将我们带到市场一角的货摊前。我们到达那里后，我立马发现，货架上展示的所有物品都是我与兄弟及其他和我关系亲密的人一起经历过的事情。几乎所有的物品（即经历）都与痛苦有关——贫穷、火灾、洪水、暴风、饥饿、无知、仇恨、恐惧、绝望、不公正、战争、死亡和苦难。我触碰着每一件物品，一股悲伤涌上心头，与此同时，一丝慈悲亦在心上。

货摊中间有一张长桌，上面放着几本小学笔记本。我认出其中一本是我的，另一本是我兄弟的。翻开我的笔记本，我看到了许多童年时期重要和快乐的经历，还有许多痛苦的经历。我兄弟的笔记本上记录着我们小时候在一起的日子。我做这个梦时，正在写作关于童年的回忆录，不过我并没有写下那些笔记本里的任何事情。也许我只有在梦境里才经历过这些，一醒来就忘记了吧。也许它们是我前生的经历。我对此并不十分确定，但我能确定这些经历都千真万确是我的，而我希望能将这些素材带回"家"中，将它们写进回忆录里。我不想再将它们忘记，而我也十分高兴自己有这样的想法。

正当我这样想的时候，那个邀请我们去他的货摊前看看的人突然说起了可怕的事。他站到了我身旁，说："你会将这些全部重新经历一遍！"他的语锋如此权威，好像他在发布一场严肃的审判一般，而我，则要认罪受罚。他的语锋像神，像命运，令我震惊。我真的还要再经历所有那些痛苦，那些暴雨和洪涝、饥饿、种族歧视、无知、仇恨、恐惧、绝望、政治压迫、不公正、战争、死亡和苦难吗？我感觉自己已经与我过去的兄弟和同伴已经无数次地经历了这些事情。长久以来，我们无法见到地道尽头的光亮。如今，我们终于到了一个拥有空间和自由的地方，我们真的必须再次经历这些吗？

起初，我十分反感，心想："哦，不！"但不一会儿，我的反应就改变了。我伸出右手的两个指头，直直地指着那个男人的脸，告诉他我素有的决心和意志："你吓唬不了我。即便我必须再次经历所有一切，那我就去经历！不止一次，千万次都可以。并且，我们所有人都将再次经历！"

就在这时，我醒了。一开始我记不起梦境的内容，我只知道，自己做了一个很强大、很重要的梦。所以，我躺在床上，开始修习正念呼吸，慢慢地，梦里的细节开始浮现。我有一种感觉，感觉那个男人代表着某个事物，感觉他在告诉我某些我必须聆听的事情。一开始，我以为是自己很快将要死去，从而重新开始命运之旅。但我心中安定，因为死亡不是问题，我不害怕。我所要做的，就是让跟随了我三十年的弟子真空比丘尼知晓这些，以便她和他人有所准备。但很快，我便发现我尚不需去死，因为这个梦还有更深的含义。

我看着时钟，已经是深夜三点半，我想起了越南、柬埔寨、索马里、南斯拉夫、南美和其他地方的孩子们还遭受着许多痛苦。我强烈地感觉到自己与他们合为一体，我感觉自己准备好了与他们一次又一次地经历苦难。

你们——我的兄弟姐妹们，你们是我的同伴。你们是真正的菩萨，乘着生与死的波浪，却未淹溺在生死之中。我们经历了无止境的苦难、无止境的悲伤与黑暗的隧道，但我们已开始修行。通过修行，我们获得了些许见悟和自由。现在，是时候让我们团结起来，用我们的力量一起去承受等待着我们的挑战了。我相信，这一次，我们一定会做得更好。

佛陀的脚印

行走，用佛陀之眼看美丽日落

我第一次到访印度是在 1968 年。在此之前，我在东京，并在那里知晓了越南和平团正在巴黎成立。于是，我前往巴黎，帮忙建立能出席和平会谈的佛教代表团。

途中，我在印度驻足，希望能有机会参观一下佛陀启悟的地方。我从新德里乘坐飞机去到恒河北边的巴特那。从巴特那，我便可以前往菩提迦耶——佛陀觉悟之地。飞机沿着佛陀的脚印，在恒河边飞行。

佛陀没有乘汽车、飞机或火车，他仅是行走。他走访了许多城市，有一次，他甚至走到了德里那么遥远的地方。他用双脚造访了超过十五个王国。知晓这一点，当我俯瞰恒河时，仿佛能看到遍地都是他的脚印。佛陀的脚印为他在各处带来安稳、自由、平静、快乐和幸福。

能花十五分钟，想象佛陀就在下面行走，并与地球及居住在地球上的人类分享他的幸福、见悟、平静和快乐，是件美妙的事情，我感动得流下眼泪。坐在飞机向下看，我看到了佛陀存在于此时此地。我向下看着，并发誓将修习行禅，将佛陀的印记带到世界其他地方去。我们可以在欧洲、在美洲、在澳洲、在非洲行走，我们可以延续佛陀的精神，为世界许多地方带去和平、快乐、安稳和自由。

我曾去过世界各地，我曾与如此之多的人分享过行禅，我有许多朋友——出家和在家——都像那样走过所有五大洲。所以，如今佛陀已遍布各处，而不仅是在恒河三角洲。

在那次印度之旅中，我有机会爬上了灵鹫山。佛陀曾喜欢停留在那里，在频婆娑罗统治的摩揭陀的都城王舍城附近。

我和一群朋友——僧尼和在家众一起爬灵鹫山。其中有一位叫作大伽沙南陀的和尚——他当时还很年轻，后来成为柬埔寨的长老。我们慢慢地、正念地爬上灵鹫山。我们到达顶峰后，在靠近佛陀曾经坐下的地方全都坐了下来，并看到了佛陀曾经看到过的美丽日落。我们坐下来修习正念呼吸，并欣赏着夕阳的美丽，我们用佛陀之眼欣赏和享受着这美丽的日落。

频婆娑罗王在山脚修了一条石道通向山顶，好让佛陀能更轻松地上下山。如今，石道仍在那里。如果你去到那里，可以通过那条石道爬上山，并且你还可以想象佛陀走在这些石头上的画面。

两分钟平静

静默时刻，可以恢复平静、理解和见悟

1997年，我在印度时，有机会见到了时任印度副总统及议会主席 K.R. 纳拉亚南先生。我们的谈话发生在议会进行预算决议的第一天，在三位政府新成员宣誓就职之前。我感谢纳拉亚南先生在百忙之中抽出时间与我会面。他说，无论繁忙与否，对他来说，与心灵大师会面都是一件重要的事情。我们一起就座，一起讨论该如何让议会成员在会议期间实践正念修行、深入聆听并说和善爱语。

我提议，最好由正念呼吸开启每一次会议。为了唤醒大家的意识，还可以朗读如下这些话：亲爱的同事们，选举我们的人们期待我们用友好、尊敬的言语交流并深入地聆听，以分享我们的见解和智慧，让议会做出最正确的决议，造福国家和人民。朗读这样一段话不过一分钟。我还建议，在讨论会上，一旦气氛变得激烈，代表们开始出言不逊并相互指责，必须有人有权力请响钟声，要求所有人停止争论，安静一两分钟。在这一两分钟内，所有代表可以修习正念呼吸，以平静内心。

当我们说"让我们开始静默两分钟"时，人们通常不知该在这两分钟里做些什么。但对于我们这些修行者而言，我们明确地知道该做什么，我们知道如何呼吸，我们知道如何集中注意力，知道如何心生慈悲。静默时刻并不需要任何代价，不需要一分钱。静默时刻可以恢复平静、理解和见悟。任何人都能做到，不必非得是佛徒。

纳拉亚南先生对于我的话非常重视，并邀请我回去，在印度议会中就此事发言。十天后，我在马德拉斯带领禅修营时，有人给我看了一份报纸，上面有篇文章报道说他们成立了道德会员会，致力于提高议会交流的质量。

在每个国家，每个地方都可以推行这种非暴力修习。我们迫切地需要减少政府内部的敌意和紧张气氛，我们并非绝望无助，我们必须竭尽全力，我们必须阻止内心之战。而这，便是和平修习，它可以在每时每刻进行。如果我们不在生活中修习和平，那么战争将在我们心中和我们周围继续爆发。

点滴慈悲

回到内心的家

2001 年 9 月 11 日，当我们听到纽约双子塔被毁的消息时，我正在加利福尼亚，当时到处散发着巨大的愤怒和恐惧。当整个国家都经历着如此愤怒和恐惧时，很容易做出破坏性的事情，很容易开启战争。在这样的时刻，我们必须心意清明，以便知道什么该做、什么不该做，以免情况变得更糟。

我原本计划三天后与 80 名僧尼代表团一起，为伯克利 4000 民众做一次公开演讲。我知道我们必须能够以一种正念、慈悲和手足之情的共同力量去平衡愤怒、恐惧与歧视的共同力量。以平静来抵消恐惧变得尤为重要。情绪变得可以触碰，举国上下都是这样的情绪。

我们以静心部分开始：我们带领大家静坐、唱诵，帮助大家修习正念呼吸、平静身心、拥抱此刻存在的恐惧。我开始祈祷治愈与和平，祈盼触碰我们内心深处的强烈愿望，奉献我们修行的最好的鲜花与果实：明晰、安稳、手足之情、理解和慈悲。我提醒大家，以仇恨还击仇恨只会导致千倍的仇恨，只有慈悲能让我们转化仇恨与愤怒。我邀请大家回到内心的家，修习正念呼吸、正念行走，平复自己强烈的情绪，让澄明带领我们前进。只有当我们相互理解时，慈悲才会升起。当一点一滴的慈悲开始沁润我们的心灵时，我们便能给予形势具体的反馈。

我们的个人意识反映出集体意识。我们每个人都可以从现在开始修习平复愤怒，深观在我们社会及我们世界地仇恨与暴力的根源。每个人都可以修习慈悲，细心聆听，聆听和理解那些我们尚未听到和理解的事物。当我们深入地聆听和观察时，我们就可能在所有国家之间发展出兄弟与姐妹之情。而这，便是所有宗教与文化最深邃的精神传统。以这样的方式，和平与理解便会在全世界日渐增长。发展我们内心的慈悲甘露是对仇恨与暴力唯一有效的精神回应。

《印度时报》

不在内心和关系中播种仇恨、歧视与绝望的种子

2008 年，在另一次印度之旅中，我受《印度时报》之邀，担任那天的做客编辑。当天是圣雄甘地的纪念日，《印度时报》认为适合邀请一位佛僧担任那天的做客编辑，为和平主题做一次特别编辑。我接受了邀请，并与许多僧尼一起前去。那天早晨，当我们到达编辑室时，听到了极为糟糕的消息。一场恐怖主义炸弹袭击在孟买爆发，许多人因此死亡，气氛变得非常紧张。所有编辑召开大会，我被请入参加。我记得，我们所有人围着一张巨大的桌子，沉默地坐着。

其中一位编辑抬起头，问道："在今天这样的日子收到这样一个糟糕的消息，我们该怎么办？"问题实难回答。我修习了一会儿正念呼吸，然后说道："亲爱的朋友们，我们必须报道它。我们必须以推广理解和慈悲的方式报道，而不是激发更多的愤怒和绝望。但最终仍由你们决定如何报道这次事件。"

当这样的悲剧事件发生时，我们必须深观，并问自己这样的问题：是什么驱使他们做出如此可怕的事？这些恐怖分子究竟积累了什么观点与想法，驱使他们对自己的同胞做出如此之事？他们也许有许多愤怒、仇恨和许多错误的见解，也许他们认为自己正以公平之名、以神之名而行事。我们必须深观，理解这样的暴力行为，理解他们行事背后的动机。当我们对此获得了见悟时，我们所报道出来的新闻就会彰显出我们的理解和慈悲。

报道的方式有许多。我们在报纸、广播、电视或网络上看到的许多新闻都包含了许多暴力、恐惧、仇恨、歧视和绝望。可以说，许多新闻都是有毒的，它毒害着我们的心灵，毒害着孩子们的心灵。作为记者，我们必须真实地报道事实。与此同时，还要在读者或观众心中浇灌理解与慈悲的种子。作为消费者，我们在消费新闻时，必须用我们的正念去觉知我们的思想、感受和认知，以保护我们自己。我们必须知道多少为适度。正念帮助我们保护心识的主权，防止在心里浇灌消极的种子。

我们与他人交流的方式、谈话和聆听的方式都是关键。我们每个人都可以承诺不在我们心中和我们相互的关系中浇灌暴力、仇恨、歧视和绝望的种子。同样重要的，我们也可以承诺在我们内心和我们的社会之中浇灌包容与无歧视的种子。

一次轻松的巴士之旅

此时此刻我已到达的修习

一天，我与安排我访问印度的一位朋友一起坐在印度的一辆巴士里。我朋友属于那种被区别对待了几千年的等级。我正享受着窗外的风景，忽然发现他十分紧张。我知道他一直忧心我此行是否愉快，所以我说："请你放松。我此行非常愉快。一切都非常顺利。"他实在无须担忧。他坐回来，笑了，但不一会儿，他又紧张起来。我看着他时，能看到那些经历了四五千年的斗争，有他内心深处的，也有他们整个阶层内的。如今，因为安排了我的到访，他又将继续斗争。他可能会放松一秒钟，但随后会再次紧张起来。

我们在身心深处都有这样的斗争驱使。我们认为幸福只存在于未来。也正是因此，在此时此刻体验"我已到达"的修习才尤为重要。我们已经到达，无须再去往任何未来，我们已经归家，这样的觉知便能给我们平静与快乐。我们已拥有足够的条件去快乐。我们只需让自己完全地抵达此时此刻，便能触碰到这些快乐。

157

坐在巴士里，我的朋友无法允许自己平静地安住在此时此刻。他仍然忧心于如何让我感到舒适——即便我已经感到十分舒适。所以我建议他允许自己放松一下，但这对他来说并不容易，因为焦虑的习惯已在他心中存留太久，甚至在我们的巴士到达站点、在我们都已下车之后，我的朋友仍然无法放松自己。我的整个印度之旅都非常顺利，他安排的一切都非常好，但我担心到了今日，他也仍然无法放松。我们深受先辈和社会先人的影响，修习静止和深观便是停止让那些遗传到我们身上的消极种子持续地影响我们的习惯。当我们能够静止的时候，我们是为所有先人而停，并将终止那个叫作"轮回"的恶性循环。

我们必须以这样的方式生活，以此释放活在我们内心的祖先和后人。快乐、平静、自由及和谐并不是个人的事。如果不释放我们的祖先，我们就会被生活所束缚，并会将这些消极的力量传递给我们的子子孙孙。现在，是时候释放我们自己，释放他们了。这是同一件事情，这是相即的教导。只要我们内心的祖先仍在遭受痛苦，我们自己就无法获得平静。如果我们正念地、快乐地迈出每一步，自由地接触地球，我们就是为所有先人和后代做这一切。他们都会与我们同时到达，我们所有人都会同时找到平静与快乐。

橄榄树

如果对一件事看得够深刻，你便会见照真相

有一年，我在意大利举行禅修营时，发现那里的橄榄树总是一小群地生长。我感到很惊讶，便问："为什么你们将三四棵橄榄树种在一起？"

我们的意大利朋友解释说，那些三四棵橄榄树其实是一棵。几年前，气候太冷，所有的橄榄树都枯死了。但在深深的地下，它们的根部仍然活着。严酷的冬天之后，春天到来了，小小的幼苗便开始发芽，而这些橄榄树并没有长出一根树干，而是长出三四根。从表面上看，那里似乎有三四棵橄榄树，但其实只有一棵。

如果你们是相同父母的兄弟姐妹，那么你们都是同一棵树的一部分。你们拥有相同的根茎、相同的父亲和母亲。这些三四棵在一起的橄榄树也拥有相同的根系。它们看起来像不同的树，但它们却是同一棵树。如果其中一棵与其他的树区分开来，如果它们相互斗争、相互杀害，那将非常奇怪，那将是十足的无知。深刻观察，它们便知彼此是兄弟姐妹，是真实的一体。

自由地行走

行禅，带来慈悲、谅解与平静

记得 2010 年，我们在意大利罗马的中央领导了一次美妙的行禅。大约 1500 人参与其中，十几个孩子与我手牵手，走在最前头。罗马城为我们封闭了道路，而在我们前方二十米的地方，八名高大的警官也在一起行走。但与平常不同的是，他们也是十分放松、十分自由地行走着。他们也停下来，友好地、微笑着引导交通和行人。看起来就好像是这八名警官也参与了这场行禅，警官与民众合而为一。

也许在这座都城的街道上，从未有过如此多的自由。我们每走一步，都留下了自由的脚印。那里没有压力，城市中央成了快乐行走的广场。在八名警官前面，还有一辆警车以相同的速度前进。在公共广场上，沿街有数千民众，从建筑物里看着我们的队伍便能见证我们所感受到的自由。但即便我们的队伍非常庞大，这次行禅也并不像一场游行。没有旗帜，没有哨子，没有鼓，没有标语，也没有喊叫。没有人向任何人索要任何事物，没有斗争或反抗的力量，没有人提出任何要求。一切都在静默中发生，所有人都面带微笑。所有人都跟随着自己的呼吸，享受着自己在这座城里的每一步脚印。平静与快乐，姐妹与兄弟情谊全都真实地展现出来，清晰地让所有人看见。

我们从圣马可广场开始行走，出发前，我为所有人进行指导，告诉他们应该如何修习行禅。不到十五分钟，就有一千五百人聚集而来。我们在这种古城中央，沿着道路正念地、平静地行走，最后到达纳沃纳广场，并在广场上静坐。我们走进广场时，还有人在吹萨克斯，但他们看到我们之后，便停下来了，整个广场变成一个安静的露天禅堂。那天阳光明媚，我引导所有人静坐，在意大利都城的中心，修习深观他们的本性，观察他们的祖先、父母，观照生命和无我。对于所有人来说，一切都是那么美妙、滋养而又治愈。

我们在许多国家修习行禅和静坐，将和平的脚印带到了世界各地的大城市里。我们在巴黎、纽约和洛杉矶进行过和平行走。2008年，在河内著名的还剑湖边，一千位民众进行了正念行走；2012年，在伦敦特拉法尔加广场，四千个人和平静坐。无论我们在哪里修习行禅，我们都形成了一股强大的充满慈悲、谅解与平静的集体力量。

我已到达

万物都在假装出生、假装死亡，
包括我差点踩到的那片树叶。

生命就是我们真正的家

澄明就在此时此刻

在佛教传统中，通常以钟声开始一节坐禅。钟声轻柔，提醒我们回归内心之家。

我们真正的家便是此时此刻，无论此时此地正在发生什么。我们真正的家是一个没有歧视，没有仇恨的地方；我们在真正的家中不再寻觅任何事物，不再渴求任何事物，不再遗憾任何事物。当我们带着正念之力量回归此时此地时，我们将能在此时此刻建立真正的家。

你真正的家是你不得不为自己创造的事物。当我们明白如何用身体制造和平，如何照顾我们的身体和释放身体里的紧张时，我们的身体就会变成一个我们在此时此刻就能回归的舒适平和的家。当我们知道如何照料自己的感受时——当我们知道如何产生快乐和幸福，如何应对痛苦情绪的时候——我们就能在此时此刻培育和还原一个快乐的家；当我们知道如何产生理解和慈悲时，我们的家就会变成一个舒适快乐的归处。但如果我们无法做到这

165

些，我们就不会愿意回到家中。家不是企盼而来的事物，而是培育出来的。没有哪条路通向家，家就是路。

"解脱"就在此时此刻。我们在此时此刻就能接触到所有心灵和血缘上的祖先。我们必须学习如何回到此时此刻，如何安住于这一时刻，以便发现我们真正的家。当我们能感受到这些祖先此时此刻与我们在一起时，我们就不必再担心或受苦。当我们不再试图寻找自身之外的时间、空间、文化、地理、国籍或种族意义上的"家"时，我们就能找到真正的幸福。

我们真正的家并不是一个抽象概念。它是我们的双脚、双手和我们的心在每时每刻都能触碰到的实实在在的现实。如果我们明白这些，那么就没有人能夺走我们真正的家。即便有人占领了我们的国家，或将我们关进监狱，我们也仍然拥有自己真正的家，永远没有人能将它夺走。我提醒那些感觉自己从未拥有家的你们，我提醒那些感觉自己离开的那个国家已不再是自己的家、但新的国家也不是自己家的父母们，我们每一个人都能通过修行找到我们真正的家，也能帮助我们的孩子找到自己真正的家。

你也许想知道你人生中最美好的时刻是否已经在你身后；你也许会认为它们尚未到来，但终将到来。但，这一刻，才是我们一直等待的时刻。佛陀有云：你必须将此时此刻变成你人生之中最美好的一刻。

一个班级梦

梦有时是一种提醒，提醒我们抛弃部分自我，以进步

一天晚上，我梦见自己是一名大学学子。虽然当时我已 60 多岁，但在梦中，我只有二十一岁。梦里，我收到通知，说我被接收进入了学校最受爱戴、最卓越的一位教授的班级。那个班级声望极高，一般学生很难进入。

我很高兴自己被接收入班，我径直走进办公室，咨询课程将在哪里开讲。我看到许多学生蜂拥而至，突然，我看到一个与我年纪相仿、模样几乎一致的年轻人。我感到十分惊讶，那是我吗？或者，那不是我吗？他是我之外的另一个我吗？他正努力找寻着自己的路。我感到非常好奇，便询问办公室里的女士，那个年轻人是否与我进入了同一个班级。她回答："不，当然不。你被接收入班，但他没有。"

我被告知，这个班将在这天早晨在本楼楼顶开课。于是我朝

教室走去。上楼的时候，我问其他人："这个班上什么课？""音乐。"他们回答。我感到很奇怪，因为我根本不是音乐生，但却进入了最优秀的音乐教授的音乐班。我有点担心，但我又想，既然我入选了这个班级，那么其中自然有其原因。所以，我不必太担心。

我走到教室门前，推开门，往里看。我想象教室里可能只有二十五或三十名学生，但令我十分吃惊的是，我看到了一千多名。这简直是一场大集会。透过大大的窗户，我看到了不可思议的美景。我看到了月亮，看到了太阳，看到了群星，看到了被雪覆盖的山峰。这景色美得无法用言语描述。我无法描述这感觉，只能傻站在那里，呆呆地望着这不可思议的美景。能进入这样的班级，真是莫大荣幸。

突然，有人告诉我，待教授到达之后，我就要做一份报告。我完全失魂落魄。我对音乐一无所知，但却受期望去做一份关于音乐的报告！我看了看周围，本能地在口袋里搜寻。我感到口袋里有个硬硬的东西，便将它拿了出来。是一个小钟。我意识到就是一种乐器，我可以讲它。因为我已经带着这个钟修行了许多年了，所以我又重获了自信。

我准备好发言了，但就在他们宣布教授来了的时候，我却醒了，这让我感到特别遗憾。如果这个梦能再延续两三分钟该多好，我就能看见这位人人敬仰的教授了。

醒来后，我试着回忆梦里的所有细节，并记录下来。似乎，那个未被接收进入这个班级的年轻男子也是我。也许他是更早时期的我，仍然执著于某种想法，尚未有足够自由被接收进一个大师班级。但我已然长大，并将他甩在身后。我已经获得某种见悟，让我不再被困于自己的想法，从其他仍然约束着那个年轻男子的事物中解脱出来。

我们每个人都可能被某些想法约束，并认为那就是真相，于是我们执著其中。但如果你被你的想法所困，那么你就没有机会进步。我的梦则是一种提醒，提醒我有时必须将部分自我抛在身后，以便能在人生路上更进一步。

莴苣

理解，并去爱，任何困难都会迎刃而解

当你种植莴苣时，你不会因为它没有生长好而责怪它。你会认真思考为什么它没有生长好。也许它需要肥料，或者更多的水，或者更少的阳光。你永远不会责备莴苣。然而，我们与朋友或家人之间出现问题，我们却责备别人。但如果我们知道如何"照料"他们，他们就会像莴苣一样"生长"得很好。"责备"丝毫不会产生积极效应，说理式的劝说或争论亦是如此。如果你理解，并表现出你理解，那么你就能去爱，任何困难也就会迎刃而解。

一天，在我们位于巴黎郊区的仙人掌花禅修中心，我进行了一场关于不要责备莴苣的讲座。讲座结束后，我自己便开始行禅。当我走到花园里一个温室的拐角处时，听到一个八岁的小姑娘对她妈妈说："妈妈，记得给我浇水，我可是你的莴苣。"我很高兴，她完全理解了我的话。随后，我听到她母亲回答："好的，宝贝，我也是你的莴苣。所以，请你也不要忘记给我浇水。"母亲和女儿一同修行，这真美。

我们的两只手

当我们懂得理解，就不会痛苦

一天，我准备将一幅画挂上墙。我左手拿着一枚钉子，右手拿着一把锤子。那天，我不是非常专注，我没有锤到钉子，而是锤了自己的手指。锤到手指后，我的左手疼了起来。右手急忙放下锤子，立刻开始温柔而慈悲地照顾起左手，就好像照顾自己一样。右手并未将这看作是自己的责任，这一切都是自然发生——我的右手为左手做的一切，都像是它为自己做的一样。

我的右手将左手所遭遇的痛苦当作自己的痛苦，所以它才会倾尽一切照顾左手。我的左手也丝毫没有生气，它没有说："你，右手，你对我做错了。把那锤子给我，我要公正！"

左手并没有这样的思虑。我的左手拥有一种内在智慧，一种无分别的智慧。当我们拥有这种智慧时，我们就不会痛苦。我的左手永远不会与我的右手作对。两只手相处和谐、相互理解，当一只手痛苦时，两只手都痛苦；当一只手快乐时，两只手都快乐。

看看你的手

正念修习，带来快乐、平静和宽容

我有一位越南朋友，他是一名艺术家，离开家乡已经 40 多年。在这 40 多年里，他一直未能见到他的母亲。当他想念母亲时，他所做的就是看着自己的手，然后便会感觉好些。他的母亲是一名传统的越南女性，只识几个字，从未学习过西方哲学或科学。但在他离开越南前，她拉着他的手，说："无论何时，当你想念我时，就看看你的手，我的孩子。你就会立刻见到我。"40 多年来，他就这样一次次地看看自己的手。

他母亲的存在不止在基因上，她的精神、她的希望和她的生命都存在于他身上。看着他的手，他就可以深深地进入没有开始时间和结束时间的现实里。他可以看见在他之前的数千代先祖和在他之后的数千代后辈，全都是他。从远古时代，到此时此刻，他的生命从未中断，他的手一直在那里，在那个没有开始和结束的现实里。

有时，我练习书法的时候，会邀请我的母亲、我的父亲或我的老师与我一起画圆。通过一起画圆，我触碰到了没有自我的见悟，画圆便成了深刻的禅修。禅修、工作、快乐和生活融为一体。

我们可以从自己的每一个细胞里发现父亲、母亲和先祖的存在。不仅仅是禅修，就连科学也是如此。我们的父母不仅存在于我们之外。无论何时，当我们能够正念呼吸并平静自己的身心时，我们的父母也在同一时刻正念呼吸和平静他们自己。如果我们能形成快乐与慈悲的感觉，那么我们的父母也将体验到这种快乐与慈悲。我们的父母也许从未有过机会修习正念和转化他们的痛苦，但倘若我们用慈悲的眼神去看他们，便能与他们分享我们的快乐、平静和宽容。

给我根烟吧

也要努力做一些事，帮别人减轻痛苦

近些年来，监狱里也能接触禅修类图书、杂志，甚至能接触教导正念修习的演说录像。我经常收到囚犯的信件，且通常来自北美的监狱。一位囚犯写信给我，说："当我站在楼梯口向下望时，我看见其他囚犯跑上跑下，我能看到他们的痛苦和暴躁。我希望他们可以像我这样，跟随自己的呼吸，正念地上下楼梯。当我这样做的时候，我感觉内心平和，当我感到内心平和时，我就能无比清晰地看到其他囚犯所承受的痛苦。"

还有一次，一位死刑犯给我来信，他收到过一部我的著作——《活得安详》。他本人非常喜欢这本书，并开始在囚室里修习静坐。一天，隔壁囚室里的囚犯砰砰地敲打墙壁，大声叫喊，索要香烟。

虽然静坐的那位囚犯并不抽烟，但他仍留有一些香烟。于是，他撕下《活得安详》的第一页，包裹了一些香烟，悄悄递了过去，并祈盼那个囚犯会喜欢读《活得安详》。他只给了一点点香烟，当他的邻居第二次索要香烟时，他便撕下第二页，然后是第三页。最后，他将整本书一页一页地转移给了那位囚犯。

最开始，那位囚犯砰砰地敲打、吵吵嚷嚷、破口大喊。但很快，他就变得安静多了。最后，他变得十分安静。一天，这位邻居刑满释放，当他经过给他香烟的这个人的囚室时，他们彼此相视，并一齐背诵了书中的一句话——他们都铭记在心的话。

显然，惩罚并非唯一的解决方式。我们还可以采取许多更加有效、更富慈悲的方法来帮助这些破坏了法律的人。我曾受邀写一封鼓励信给美国佐治亚州杰克逊的一位叫作丹尼尔的死刑犯。犯罪时，他十九岁，并已在围栏下度过了十三年——他的整个成年岁月。他读过我的一本书，并发现在他死刑执行日越来越近时，这本书对他非常有用。

我给丹尼尔手写了一封简信，其中有一部分是这样的：在你身边的许多人都满心愤怒、仇恨和绝望，这些都阻止了他们与新鲜的空气、蓝蓝的天空或芬芳的玫瑰接触。他们也在某种囚牢之中。但如果你修习慈悲，如果你能看见身边之人的痛苦，如果你每一天都努力做些事情帮助他们减轻痛苦，那么你就将自由。拥有慈悲的一天，胜过无慈悲的一百天。

我们在外遭受较少痛苦的人，可以帮助那些在监狱里的人。死刑完全暴露了我们的软弱和无助。我们不知该做什么，于是我们放弃。当一个社会不得不处死一些人时，这其实是一种绝望的哭喊。我们可以调和公正与慈悲，以证实真正的公正必须既包含慈悲，也包含理解。

波浪和水

正念修习，令我们明白：出生和死亡其实无法触及到我们

有一个冬天，我的一位科学家朋友遇到了巨大的精神危机。我听说后，便画了一幅在蜿蜒水里的波浪画寄给他。在画的下方，我写道：一如往常，波浪过着波浪的生活。与此同时，它也过着水的生活。当你呼吸时，你为我们所有人呼吸。我写下这些话时，我感觉自己正在他身旁游泳，帮助他游过这段极其困难的时期。幸运的是，这对于我们都有益。

许多人将自己看作波浪，却忘记自己也是水。他们习惯于生活在生与死的世界里，却忘记了不生不灭的世界。如同一道波浪过着水的生活一样，我们也过着没有生也没有灭的生活。我们必须知晓这一点，必须明白我们的生命是不生不灭这个真相。"知晓"这个词在此尤为重要。"知晓"便是体证到。体证便是正念。所有旨在唤醒我们的禅修，都是为了让我们知晓一件事：生与死永远都无法以任何形式触及我们。

谷歌普莱克斯

将自己从不安中释放出来

2013 年，我在加利福尼亚谷歌总部——他们称之为"谷歌普莱克斯"——带领谷歌员工进行一天正念修习。我们团体有七十多名僧尼，而那天报名的谷歌员工有七百多人。我们一早就开始了，带领大家静坐、行禅、正念饮食和放松禅——与我们在梅村禅修中心的正念日完全一致。

这些谷歌人年轻聪颖，富有创造力，我们能看出来他们将自己的全身心都投入到了修习当中。他们非常专注，修习得非常好。我想，他们之所以如此用心修习，是因为他们所遭受的痛苦。他们对能帮助他们减轻痛苦的精神修习如饥似渴。我们知道他们一直非常努力地工作。所有的公司都为"成功"而奋斗，人人都希望成为"第一"。正因如此，许多年轻人倾尽所有时间和精力于工作和公司，没有时间照顾自己的身体、感受、情绪和关系。即便有时间，他们可能也不知道如何利用那些时间来真正地照料身体和心灵。

我为大家分享了如何行禅，随后，我们便围绕园区慢慢地、正念地、安静地行走，开始这一天。差不多十五分钟后，我们安静地坐下来，一声不响。我双手举着我的茶，一边享用，一边等着大家到来，等着他们全都坐下并跟随自己的呼吸。我们在那儿平静地坐了很久，享受着清晨的寂静和宁谧。与此同时，许多员工陆陆续续前来上班，每次有人来到角落附近时，他们都会突然惊呆。他们看到了异样：许多人坐在地上，什么也不做，只是呼吸着。实在太安静！这完全是新鲜和意想不到的事情！时间胜过金钱，时间就是平和，时间就是生命。

我们中的许多人太忙碌，工作太努力，以致于没有时间生活。我们的工作占据了我们所有的生命。我们甚至可能沉迷工作，不仅因为我们需要金钱，更因为我们不知该如何处理内心的痛苦与孤独，所以我们在工作中寻找庇护。有时，我们不知该拿内心的孤独、痛苦和绝望怎么办。我们试着寻找某个事物来将它掩盖。我们检查邮件，我们拿起报纸，我们收听新闻，只要能忘掉内心的孤独和痛苦。我们的身体不得安宁，我们的心灵不得安宁，而我们却不知道该做什么。我们试着坐下，但一坐下，却又像坐在燃烧的煤炭上一样。我们可能会散散步，但一散步，却好像走在火焰上一样。

当不安的力量表现出来时，我们就不得不认识到正在发生的一切，然后说："你好，我的'不安'。我知道你在那里，我会好好照顾你的。"然后，我们开始修习正念呼吸，将我们的心带回我们的身体。当身心合而为一时，你就安住在此时此地，你便可以触碰到生命，并照料内心的感受。世界里有种种奇迹，如果继续如此卖力地工作，我们就没有足够的时间生活，没有足够的时间去接触生命的奇迹，去获得我们所需的滋养和治疗。我们必须有这样的见悟，以将我们自己从不安中释放出来。在"此刻"这个国度里，我们将接受我们所需的治疗。

佛陀在车里吗

佛陀的出现、觉醒的力量，陪伴我们一生的每时每刻

一天，乘巴士的时候我问我的侍者："你觉得佛陀是否与我们同在这辆巴士上呢？"他回答："当然，我认为他在。"我说："你确定吗？"

要弄清楚佛陀是否在巴士上很简单。如果车上有五十人，哪怕其中只有一个人在正念呼吸，那么佛陀就在这辆巴士上。如果不止一人，而有两人、三人或五人在正念呼吸、欣赏风景，那么我们可以确定，佛陀已出现。

乘坐小车时，我们只需车内一人正念呼吸，佛陀就与我们同在。而只要佛陀在，这辆巴士或这辆小车便成了禅修与觉悟之地。只要佛陀在车里，每个人都会更加安全，并得到他的力量保护。

佛陀的出现、觉醒的力量，在我们人生的每时每刻都可以陪伴着我们。在启动汽车之前，我们可以问问自己："佛陀在车里

吗？"如果我们能够正念呼吸，那么佛陀就会立即出现，而他的力量将在我们驱车时保护我们。佛陀出现在车里，让旅程的每一刻都变成值得生活的时刻。我们越多人正念呼吸，佛陀的存在就愈加强大。有了正念呼吸，我们就拥有这种强大的力量，可以让佛陀出现在车里。然而我们却经常忘记。

在我们去往印度的一段朝圣之路上，我们需要十一辆巴士来载运我们团体三百多位修行者。我想确定佛陀将会出现在每一辆巴士上，而不仅是我所在的巴士。所以，我建议每辆巴士上都放一个钟，时不时地请响这个钟，提醒所有人正念呼吸。如果每个人都正念呼吸，那么我们就可以确定佛陀在车上。

无论我们到哪里，每辆车上都应该有一个钟，以提醒我们不忘记正念呼吸，回到此时此刻。在越南和其他佛教国家，人们经常在车里放一尊佛像。但拥有一尊佛像——无论是用廉价的塑料还是昂贵的翡翠制作的——都不能保证佛陀一定在车里。唯一能够确保佛陀出现在车里的，就是至少有一个人正念呼吸。

在乡间小路上行走

正念行走的每一步都带来改变的力量

我喜欢独自一人在水稻和野草间的乡间小路上行走。我会在大地上正念地踏出每一步，感受我正在奇妙的地球上行走。在这样的时刻里，存在变成了一种奇迹和神秘的现实。人们通常认为在水上或稀薄的空气里行走是个奇迹。但我认为真正的奇迹并不是在水上行走，也不是在稀薄的空气里行走，而是在地球上行走。每一天，我们都活在一种未被我们察觉到奇迹中：蓝天、白云、青草，还有孩子清澈的眼睛，全都是一种奇迹。

当我们行走时，我们并非独自在行走。我们的父母和祖先都与我们一同在行走。他们在我们身体的每一个细胞里。所以，带给我们治愈和快乐的每一步，也能带给我们父母和祖先治愈和快乐。正念的每一步都有一种力量，能改变我们，而万物所有的祖先，包括我们的动物、植物和矿物的祖先，都在我们的身体里。我们并非仅为自己而行走，当我们行走时，我们还为我们的家人、为整个世界行走。

一步

在每一步的到达和静止中修得平静

在中国巡讲的一天，我们梅村禅修中心的代表团借此机会爬了神圣的五台山。我们的导游带许多团体爬过这座山——也许甚至有几百个团。但在那天，我们建议她不再领队，而是跟着我们，因为我们有自己的行走方式。

到了山脚下，我向大家说明该如何行走，虽然我们早已知道该如何行走，但我想提醒每个人：吸气，迈出一步；呼气，迈出另一步。我们可能要走上千步，而我们希望享受每一步。我们的目标并不是爬到山顶，我们的目标是通过每一步，触碰到平和与快乐。许多团体都超越了我们，他们会转过头盯着我们，想看看到底是谁在用蜗牛的速度爬山。这对于我们的导游来说绝非易事。我对那次行走记忆犹新：我吸一口气，迈出左脚，然后呼一口气，抬起右脚。如此，我们便可以让每一步都有了欢愉和快乐的可能。每走十步，我们就停下来，看看下面，享受风景，然后继续呼吸，继续行走。其他游客登上山顶后都气喘吁吁，但我们恰恰相反，未感到丝毫疲惫。

在我们代表团中，有一位比丘尼会说汉语，在巴士上时，她听到导游告诉她的同事："这位僧人很不可思议。我带领过上百个团队爬山，总是精疲力竭才能到达。但今天，我第一次在到达时感到精神奕奕。他真的很不可思议。"当时，在中国的导游都要向警察提交游客活动报告。她继续说道，"我已经写了报告，记录他们今天的行为和那位和尚说的话。但我还没有提交，因为他的话实在太有意思，我想把报告做份影印本留给我自己。"

所以，无论你是在火车站、机场还是河边行走，确保每一步都给你带来快乐、放松和幸福。每一步都可以治愈，无论你是与他人一起行走，还是独自行走。我们不该错过帮助你停止奔跑的每一步，不仅是你身体的奔跑，还有你心灵的奔跑。有了每一步，我们就能到达内心深处。奔跑已经成为一种习惯，我们便无法享受此时此地的生命。即便在我们睡觉时，在梦中，我们仍在继续奔跑。所以，每一步真正到达和每一步真正静止就是一种修习。

每一次，无论是从家中到车站，还是从停车场到你工作的地方，即便你行走很短的距离，你都可以选择用这种方式行走，让每一步带给你快乐、平静和幸福。这个过程可能会让你想起，其他人也是如此行走，于是我们便可以感觉彼此相连。联系非常重要，并非因为你拥有一部手机，而让你感到与人相连。我从未有过手机，但我从未感到自己与任何人不相连。我们正念行走和步伐联系着我们。所以，如果你想与他人相连，那么你所要做的就是在每天清晨吃过早餐后，在去上班的路上修习正念。那样平和、自由地行走，我们就能立即联系上了。

归属

和家人在一起，微笑、静坐、喝茶让我们获得归属感

当我还是孩子时，许多家庭都比较大。父母、表亲、叔伯、姨姑、祖父母和孩子们全都生活在一起。房子被树木包围，一家人会挂上吊床，组织野餐，当时的人们并没有我们今天遇到的这些问题。当父母吵架的时候，孩子们总是逃离到叔叔阿姨那里。除了父母，他们还有其他人可以寻求庇护。

由一位女性、一位男性和几个孩子组成的小家庭差不多是近时期才出现的。有时，在这种小家庭里，都没有足够的空气呼吸。当父母之间出现问题时，整个家庭就会受到影响，房子里的气氛会变得沉重，没有地方可以逃往。

有时，孩子会走进浴室，将门锁上，独自待着。但仍然无法逃离，沉重的气氛也会弥漫浴室。于是，这个孩子就伴随着许多痛苦的种子成长。随后，这个孩子又将这些种子传递到自己的孩

子身上。

我们都有对归属感、安全感、舒适感的基本需求。我们可以将自己的家或家庭转化成这样的地方：在一起的时候，我们可以修习呼吸、微笑，一起静坐、喝茶。如果我们有钟，那么这个钟也是这个修行团体的一部分。因为它帮助我们修习，召唤我们回到此时此刻。如果我们有蒲，那么这个蒲团也是修行团体的一部分。

还有许多其他事物帮助我们修习正念——甚至是我们呼吸着的空气。如果我们住在公园和河堤附近，我们可以在那里享受行禅，这个公园或这片河堤便成为我们修行团体的一部分。所有这些元素都可以帮助我们在家中修行。时不时地，我们还可以邀请朋友加入。当我们一起修习正念时，修习就变得更加容易。如果我们将"家"的定义扩展，当"家"不仅包括朋友及修行团体，更包括围绕着我们的树木、飞鸟和山丘时，它们对我们的修习很有帮助。

凶恶和温柔菩萨

你要坚定有力量，也要有温柔之心和深刻的理解力

当你走进一座佛寺的大门，你可能会在左边看到一个非常温柔的、脸上挂着"欢迎"笑容的人物雕像。但在你的右边，你会看到一个面目凶恶的、挥舞着一个武器的人像。他的整个红脸充满了怒气，烟火从他的眼中和嘴里喷出。

这两个人物都是菩萨：奉献毕生以止息他人的痛苦。凶恶者拥有约束饿鬼的能力。每当我们组织向饿鬼——那些失落的游魂，供奉食物和饮品的仪式时，必须召唤红脸菩萨来帮忙。饿鬼只听他的，因为他那凶恶的面貌似是在说："你最好注意点，否则有你好受！"所以，当你见到一个人面相凶恶时，不必将他当作恶魔。那个人也许是一位真菩萨。他们也许令人害怕，但他们的内心深处却有一颗菩萨心。你可能会非常严厉，但与此同时，你也可能会极富慈悲。

　　如果你是温柔菩萨，你就必须心存真正的慈悲与理解；如果你是凶恶、红脸菩萨，并想表现坚定与力量，你也必须拥有温柔之心和深刻的理解力。

宇航员

行禅是回归自我的方式之一

想象一位宇航员去往月球。在他登陆月球后，宇宙飞船出了故障，他无法再次升空以回到地球，在休斯敦的美国国家航空航天局控制中心也无法与他联系。他知道他的氧气仅能维持很短的时间，不足以等到人们来此救他。在他生命的最后时刻，你认为他会思考什么，他想要什么？

在月球上是无法正念行走的。因为重力太小，你唯一能做的只有跳跃。也许，那位宇航员会回忆地球如何美丽。当我们从地球上看月球时，可能认为月球美丽无比，但当我们在月球上看地球时，看到的地球是宏伟庞大的。

我们在这个星球上生活了这么多年，但我们是否真正与地球上的奇妙生命相联系？我们与一个人争论，我们嫉妒另一个人，我们追求这个，我们追逐那个，久而久之，我们对围绕在身边

的美都视而不见，也未意识到能在如此美丽的星球上行走是何等
奇迹。

如果问这一位被困月球的宇航员最想要什么，我猜测他可能
会说他最大的愿望就是回到地球。他不会想要一辆新车或一套新
房。也许他只想要在这个美丽的地球上走一走，而所有其他的愿
望都将变得黯淡而无意义。

最后幸运的是，营救舰船来了，这位宇航员得以回到地球。
我们都像这位被营救的宇航员一样，我们都有能力在我们美丽的
地球上快乐、轻盈、自由地迈步。

当我们修习正念行走时，我们便有机会与地球深入地进行交
流，并会意识到地球就是我们的家。我们只需一个呼吸、一次步
伐，就能感受到家，感受到此时此地的舒适。每一次呼吸，都能
将你的身心带回到此时此刻。你不必再追逐任何事物，地球就在
此，你会完全满足于此时此刻，不再患得患失。

正念行走可以带给我们巨大的快乐。我们的每一个步伐都滋
养着我们的心灵和身体。我们所拥有的快乐的条件远比我们能意
识到的要多。行禅是回归自我的方式之一。一个响指的时间，就
能让我们回归。往返月球需要很长一段时间，但只需一个呼吸，
就能回到你"真正的家"中。

秋叶

此刻正念呼吸、行走及饮茶就能触碰涅

一天，当我正要踩到一片干枯的树叶时，我停住了。我凑近看它，发现它并没有完全枯萎，它正在与潮湿的土壤融合，准备在下一个春天以另一种形式出现在树木之中。我对树叶笑了笑，说："你只是在假装。"

万物都在假装出生、假装死亡，包括我差点踩到的那片树叶。佛陀有云："当条件充分时，身体便会显现，于是我们就会说'身体在了'；当条件并不充分时，身体就无法被我们感知，我们便称'身体不在'。"我们所谓的"死亡"之日，便是我们以许多其他形式开始延续的时日。领悟这个真相，是深刻的禅修，同时释放我们内心最深的恐惧。

涅槃意味着所有观念和概念的寂灭，包括生和死、有和无、来和去的概念。涅槃是生命的究竟实相，是清凉、安宁及快乐的状态。这并非死亡之后才可获得的状态，只要你在此刻正念呼吸、行走及饮茶，你就能接触涅槃。

寻找家

我真正的家不限于某个地点或时间

我曾听说一个故事：一位年轻的日裔美国人走进一家咖啡馆，他在喝咖啡时，无意中听到两个用越南语交谈的年轻男子哭泣起来。这位日裔美国人便问他们为何哭泣，其中一位越南男子回答："我们无法回到家乡，越南政府已禁止我们回家。"

那位日裔美国人神情凝重地说："这并不是哭泣的理由。即便你们可能被驱逐，无法回家。但至少你们还有一个国家，有一个属于你们的地方，而我们却没有国家可回。我生在美国，长在美国。虽然我看起来像个日本人，但从文化上说，我是个美国人。但美国人却并没有真正接受我，他们将我当作亚洲外国人。于是我回到日本，想在那里寻根安家。但当我到达那里时，日本人却说我的言语举止都不像日本人，所以他们也不接受我。即便我拥有美国护照，即便我可以前往日本，我却无家可回。但你们却有。"

许多年轻人都生在美国、长在美国，但他们感到自己并未被其他美国人接受为美国人。他们感到悲伤，并希望回去找到家园。他们认为："如果我的家不在美国，那么一定在其他某个地方。"但他们在自己祖先的国家也未能适应。鲜少有人感觉自己身在真正的家园。即便我们有幸拥有一个国籍、一个公民身份和一个护照，许多人也仍在寻找自己的归属之地。

你有家吗？你有能让你真正感到舒适、平静和自由的家吗？

许多美国公民在美国生活了甚至几代人的时间，但仍没有感觉舒适。在越南，许多人并未感觉自己被国家接受或自己在那里拥有未来，于是想要离开。

在我们身边，谁拥有真正的家？谁在自己的国家感到舒适如家？我有一个家，即使我被逐出越南 40 年，我在我的家中感到非常舒适，并未感到困苦，因为我已找到了自己真正的家。我真正的家不在法国梅村禅修中心，我真正的家不在美国，我真正的家不限于某个地点或时间。

我真正的家无法用地点或文化的术语来定义。依照文化或国籍来定义我是越南人实在过于简单。我并未拥有越南护照或身份证，所以，从法律上讲我不是越南人。从遗传角度上讲，没有"越南人"这一人种。观察我，你会看到马来西亚人、印度尼西亚人、蒙古人和非洲人的基因。实际上，越南人种完全是由非越南人基因组成的人种，任何国籍都是如此。明白这一点，我们就能获得自由。整个宇宙凝聚到一起，才有你的出现。

我不在此

没有开始，也没有结局

　　我在越南的一位弟子想在我死后为我的骨灰修建一座塔，她和其他人还想立一块碑，并留字云："尊师长眠于此。"我告诉他们不要浪费佛寺之地，不要将我放在小壶中、放在塔里。我说："我不希望如此延续。不如将骨灰撒播在外，帮助树木生长。"

　　我建议，如果他们仍然坚持要建造一座塔，那么必须在碑文上刻"我不在此"。但以防万一有人不解此意，他们还可以再加一行碑文："我亦不在彼。"如果人们仍不明其意，他们可以加上第三行（最后一行）："你可能会在你的呼吸和行走中找到我。"

　　我的身体会腐坏，但我的行为是我的延续。在日常生活中，我常常修习，以看到围绕着我的生命的延续。我们无须等到自己的身体彻底崩溃之后再去延续——我们每时每刻都在延续。如果你认为我仅是这个身体中的我，那么你还没有真正见到我。当你看着我的朋友时，你便见到了我的延续。当你见到某人心怀慈悲行走时，你便知道，他是我的延续。我不明白为何我们必须说"我将死去"，因为我已能从你、从他、从后人之中见到我自己。

　　云朵即便不在，也会以雪或雨的形式延续。一朵云是不可能死去的，它可以变成雨或冰，但它不可能化为乌有。云朵不需要拥有灵魂才能延续。没有开始，也没有结局。我永远不会死去。我的身体将会腐坏，但这并未意味着我的死亡。我将延续，一直延续。

后记

将此时此刻变成你人生之中最美好的一刻。

关于一行禅师

修行不只是讲授，更在于你如何过自己的生活

一行禅师原名阮春宝，1926 年生于越南中部。少时深受一幅佛陀画像的影响。十六岁时，他请求父母允许他出家，并由此进入顺化慈孝寺，成为临济宗的传人。

一行禅师与师兄弟们一同住在慈孝寺的森林及花园里，在睿智、富有经验而备受学生爱戴和理解的住持指导下修学。

三年后，一行禅师离开慈孝寺，进入顺化的佛学院。随后，他又去了西贡——革新佛教、让佛教更切合人们及社会所需的中心。他创办了高级佛教研究学院万行大学，并成为《越南佛教》杂志的编辑，为创新佛教思想家提供发声平台，并鼓励越南所有的佛学院联合起来。

两年后，杂志被保守派佛教领导停刊。一行禅师继续教学和写作。

1961 年，一行禅师前往美国普林斯顿大学学习比较宗教。1962 年，他受聘在哥伦比亚大学任教。1963 年，缅甸政权更迭后，佛教领导者对改革的态度更为开明，于是，一行禅师缩短了在美逗留时间，于 1964 年回到越南，见证梦想的实现——成立统一佛教会，将越南各类佛教团体团结起来。

但越南战争继续升级，致使城镇乡村越来越混乱不堪。1964 年，一行禅师创立青年社会服务学校（SYSS），培训年轻的社会工作者。其中既有僧侣，也有在家众，他们走进乡村，与百姓一起生活，并帮助重建和重组村落，帮助难民重新安置。因为一行禅师和 SYSS 的社会工作者们拒绝支持任何一派，只帮助百姓，他们的博爱、无私和充满仁义道德的工作方式赢得了许多百姓的心。

1966 年 5 月，他受康奈尔大学之邀，前去开设研讨班。研讨班持续了三周后，他拜访了马丁·路德·金博士，后者此后提名他参选诺贝尔和平奖。一行禅师前往华盛顿，呼吁和平，又启动北美巡回演讲，为在美国的人民介绍战争对越南人民造成的苦难。正是在这时，一行禅师遇见了特拉普派修道士托马斯·默顿和时任国务卿罗伯特·麦克纳马拉，并给他们留下了深刻印象。当南越政府听说了这些活动后，他们拒绝让一行禅师回到越南，于是他开始流亡西方，最终在法国定居。

这一时期对一行禅师来说是孤独而艰难的。当时，只有极少数越南人在越南之外。一行禅师所熟悉的一切——他的工作、他的学生，全都在越南。不过，一行禅师渐渐地了解了西方的人、树和鸟、花和果。无论到了哪个国家，他都能与大人和小孩交朋友，他开始在各个地方都能感受到家。无论去哪里，他都与人友好相待——无论他们是天主教神父、新教牧师、犹太教祭司、伊斯兰教领拜师、生意人还是人道主义工作者。一行禅师继续在北美、欧洲和亚洲进行巡回演讲，分享他的正念修习，为越南人民呼吁和平。1969 年，他成为巴黎和谈上的佛教和平代表团代表，得以表达越南人民渴望结束战争的愿望。

1975 年，战争终于结束，但越南新政府仍不允许一行禅师回家。统一佛教会被宣布为非法组织，许多领头僧侣被判入狱。1976 年，在新加坡的一次会议上，他听说了越南船民的窘境。许多船民在乘船离开家乡的过程中葬身大海。他们乘着经不住大海风浪的船只，带着稍许食物和水（甚至没有食物和水），在风暴和海盗面前毫无办法。即便他们最终抵达海岸，也常常被推回海中，因为许多国家不接受船民，或者只有很小的名额可以接收他们。

一行禅师和他的助理们租赁船只，与来自欧洲的朋友一起，为船民购买食物和水，努力与渔民协商，来为船民上岸找到落脚之地。与此同时，他竭尽全力告知世界这些难民的窘境，希望能借此呼吁世界各地的政府们增加名额，允许船民移居海外。

一行禅师继续住在法国，并在许多国家带领禅修营和教学。他继续支持在越南的社会工作，并致力释放被关押的僧侣。在巴黎郊外建立芳云庵，他在森林行禅，种植蔬菜，写作和修行。

当这里变得太小，无法满足渴望前来与他修习的学生数量时，一行禅师于 1982 年创办了梅村——位于法国西南部的一个禅修中心兼寺院，他目前也仍居住在那里。目前，他在全世界已有 9 个练习中心兼寺院，它们分布在美国、欧洲、亚洲和澳大利亚，供他的出家弟子（如今数量已超 700 人），分享正念修习，并已成为人们所知的"梅村禅修中心"。目前，已有超过 1000 个在家共修团体在世界各地一起修习。

2004 年，越南政府邀请流亡在外近 40 年的一行禅师访问越南。2005 年，在为期三个月的访问中，一行禅师为僧侣、在家众带领禅修营。他与佛教团体的领导者及共产党领导者都进行了深入交流。2007 年，他再次回到越南。这一次，他组织纪念那些战死的人，并为幸存者带去和平、治愈与和解，不让他们所遭受的痛苦再传递给年轻一代。2008 年，一行禅师最后一次走访越南。

在世界各地坚持不懈地游走中，一行禅师继续教授和带领禅修营。但就在 2014 年末，他突患严重中风。在将近 65 年非凡的教育生涯中，一行禅师教授了无数学生，每一个大陆都有他的足迹。他领导家庭、卫生医疗工作者、商人、退伍军人、年轻人、心理治疗师、教师、艺术家、环境工作者、国会和议会成员修行。许多学生和朋友都亲切地称一行禅师为"Thay"，即越南语中"老师"的意思。在他八十岁生辰，当被问及是否计划退休时，一行禅师回答："教育不单是言传，更要靠身教。我的人生就是我要教授的内容，我的人生就是我要传递的讯息。"